LA SOCIÉTÉ MOURANTE

ET L'ANARCHIE

A LA MÉME LIBRAIRIE :

ÉMILE COLIN — IMPRIMERIE DE LAGNY

JEAN GRAVE

LA
SOCIÉTÉ MOURANTE
ET L'ANARCHIE

PRÉFACE PAR

Octave MIRBEAU

PARIS

TRESSE & STOCK, ÉDITEURS

GALERIE DU THÉATRE-FRANÇAIS, 8, 9, 10, 11

PALAIS-ROYAL

1893

Il a été tiré à part, de cet ouvrage,
sur papier de Hollande,
dix exemplaires numérotés à la presse.

PRÉFACE

J'ai un ami qui met une bonne volonté, vraiment touchante, à comprendre les choses. Tout naturellement, il aspire à ce qui est simple, grand et beau. Mais son éducation, encrassée de préjugés et de mensonges, inhérents à toute éducation, dite supérieure, l'arrête, presque toujours, dans ses élans vers la délivrance spirituelle. Il voudrait s'affranchir complètement des idées traditionnelles, des séculaires routines où son esprit s'englue, malgré lui, et ne le peut. Souvent, il vient me voir et nous causons longuement. Les doctrines anarchiques, si calomniées des uns, si mal connues des autres, le préoccupent ; et son honnêteté est grande, sinon à les accepter toutes, du moins à les concevoir. Il ne croit pas, ainsi que le croient beaucoup de gens de son milieu, qu'elles consistent unique-

ment à faire sauter des maisons. Il y entrevoit,
au contraire, dans un brouillard qui se dissipera,
peut-être, des formes harmoniques et des beautés ; et il s'y intéresse comme à une chose qu'on
aimerait, une chose un peu terrible encore, et
qu'on redoute parce qu'on ne la comprend pas
bien.

Mon ami a lu les admirables livres de Kropotkine, les éloquentes, ferventes et savantes protestations d'Elisée Reclus, contre l'impiété des
gouvernements et des sociétés basées sur le
crime. De Bakounine, il connaît ce que les journaux anarchistes, çà et là, en ont publié. Il a travaillé l'inégal Proudhon et l'aristocratique Spen-
cer. Enfin, récemment, les déclarations d'Étié-
vant l'ont ému. Tout cela l'emporte, un moment,
vers les hauteurs où l'intelligence se purifie.
Mais de ces brèves excursions à travers l'idéal, il
revient plus troublé que jamais. Mille obstacles,
purement subjectifs, l'arrêtent ; il se perd en une
infinité de si, de cas, de mais, inextricable forêt,
dont il me demande, parfois, de le tirer.

Comme hier encore, il me confiait le tourment
de son âme, je lui dis :

— Grave, dont vous connaissez le judicieux et
mâle esprit, va publier un livre : *La société mou-*

rante et l'anarchie. Ce livre est un chef-d'œuvre
de logique. Il est plein de lumière. Ce livre
n'est point le cri du sectaire aveugle et borné ; ce
n'est point, non plus, le coup de tam-tam du
propagandiste ambitieux ; c'est l'œuvre pesée,
pensée, raisonnée, d'un passionné, il est vrai,
d'un « qui a la foi », mais qui sait, compare, discute, analyse, et qui, avec une singulière clair-
voyance de critique, évolue parmi les faits de
l'histoire sociale, les leçons de la science, les
problèmes de la philosophie, pour aboutir aux
conclusions infrangibles que vous savez et dont
vous ne pouvez nier ni la grandeur, ni la justice.

Mon ami m'interrompit vivement :

— Je ne nie rien... Je comprends, en effet, que
Grave, dont j'ai suivi, à la *Révolte*, les ardentes
campagnes, rêve la suppression de l'État, par
exemple. Moi qui n'ai pas toutes ses hardiesses,
je la rêve aussi. L'État pèse sur l'individu d'un
poids chaque jour plus écrasant, plus intolé-
rable. De l'homme qu'il énerve et qu'il abrutit, il
ne fait qu'un paquet de chair à impôts. Sa seule
mission est de vivre de lui, comme un pou vit de
la bête sur laquelle il a posé ses suçoirs. L'État
prend à l'homme son argent, misérablement ga-

gné dans ce bagne : le travail ; il lui filoute sa liberté à toute minute entravée par les lois ; dès sa naissance, il tue ses facultés individuelles, administrativement, ou il les fausse, ce qui revient au même. Assassin et voleur, oui, j'ai cette conviction que l'État est bien ce double criminel. Dès que l'homme marche, l'État lui casse les jambes ; dès qu'il tend les bras, l'État les lui rompt ; dès qu'il ose penser, l'État lui prend le crâne, et il lui dit : « Marche, prends, et pense. »

— Eh bien ? fis-je.

Mon ami continua :

— L'anarchie, au contraire, est la reconquête de l'individu, c'est la liberté du développement de l'individu, dans un sens normal et harmonique. On peut la définir d'un mot : l'utilisation spontanée de toutes les énergies humaines, criminellement gaspillées par l'État ! Je sais cela... et je comprends pourquoi toute une jeunesse artiste et pensante, — l'élite contemporaine — regarde impatiemment se lever cette aube attendue, où elle entrevoit, non seulement, un idéal de justice, mais un idéal de beauté.

— Eh bien ? fis-je de nouveau.

— Eh bien, une chose m'inquiète et me trouble ; le côté terroriste de l'anarchie. Je répugne aux

moyens violents ; j'ai horreur du sang et de la
mort, et je voudrais que l'anarchie attendît son
triomphe de la justice seule de l'avenir.

— Croyez-vous donc, répliquai-je, que les
anarchistes soient des buveurs de sang ? Ne sen-
tez-vous pas, au contraire, toute l'immense ten-
dresse, tout l'immense amour de la vie, par qui
le cœur d'un Kropotkine est gonflé. Hélas ! ce
sont là des tristesses inséparables de toutes les
luttes humaines, et contre lesquelles on ne peut
rien... Et puis !... voulez-vous que je vous fasse
une comparaison classique ?... La terre est des-
séchée ; toutes les petites plantes, toutes les petites fleurs sont brûlées par un ardent, par un
persistant soleil de mort ; elles s'étiolent, se pen-
chent, elles vont mourir... Mais voici qu'un
nuage noircit l'horizon, il s'avance et couvre le
ciel embrasé. La foudre éclate, et l'eau ruisselle
sur la terre ébranlée. Qu'importe que la foudre
ait brisé, çà et là, un chêne trop grand, si les
petites plantes qui allaient mourir, les petites
plantes abreuvées et rafraîchies, redressent leur
tige, et remontent leurs fleurs dans l'air rede-
venu calme ?... Il ne faut pas trop, voyez-vous,
s'émouvoir de la mort des chênes voraces... Lisez
le livre de Grave... Grave a dit, à ce propos, des

choses excellentes. Et si, après avoir lu ce livre,
où tant d'idées sont remuées et éclaircies, si
après l'avoir pensé, comme il convient à une
œuvre de cette envergure intellectuelle, vous ne
pouvez parvenir à vous faire une opinion stable
et tranquille, mieux vaudra, je vous en avertis,
renoncer à devenir l'anarchiste que vous pouvez
être, et rester le bon bourgeois, l'impénitent et
indécrottable bourgeois, le bourgeois « malgré
lui », que vous êtes, peut-être...

OCTAVE MIRBEAU.

LA

SOCIÉTÉ MOURANTE

ET

L'ANARCHIE

I

L'IDÉE ANARCHISTE ET SES DÉVELOPPEMENTS

Anarchie veut dire négation de l'autorité. Or, l'autorité prétend légitimer son existence sur la nécessité de défendre les institutions sociales : Famille, Religion, Propriété, etc., et elle a créé une foule de rouages, pour assurer son exercice et sa sanction. Les principaux sont : la Loi, la Magistrature, l'Armée, le Pouvoir législatif, exécutif, etc. De sorte que, forcée de répondre à tout, l'idée d'anarchie a dû s'attaquer à tous les préjugés so-

1

ciaux, se pénétrer à fond de toutes les connaissances humaines, afin de démontrer que ses conceptions étaient conformes à la nature physiologique et psychologique de l'homme, adéquates à l'observance des lois naturelles, tandis que l'organisation actuelle était établie à l'encontre de toute logique, de tout bon sens, ce qui fait que nos sociétés sont instables, bouleversées par les révolutions, occasionnées elles-mêmes par les haines accumulées de ceux qui sont broyés par des institutions arbitraires.

Donc, en combattant l'autorité, il a fallu aux anarchistes attaquer toutes les institutions dont le Pouvoir s'est créé le défenseur, dont il cherche à démontrer la nécessité pour légitimer sa propre existence.

———

Le cadre des idées anarchistes s'est donc agrandi. Parti d'une simple négation politique, l'anarchiste a dû attaquer aussi les préjugés économiques et sociaux, trouver une formule qui, tout en niant l'appropriation individuelle, base de l'ordre économique actuel, affirmât, en même temps, des aspirations sur l'organisation future, et le mot : Communisme, vint, tout naturellement prendre place à côté du mot anarchie.

Nous verrons plus loin que certains abstracteurs de quintessence ont voulu prétendre, en affirmant que du moment qu'anarchie signifiait complète expansion de l'individualité, que les mots anarchie

et communisme hurlaient d'être accolés ensemble.
Nous démontrerons, à l'encontre de cette insinua-
tion, que l'individualité ne peut se développer que
dans la communauté; que cette dernière ne saurait
exister que si la première évolue librement, et
qu'elles se complètent l'une par l'autre.

———

C'est cette diversité de questions à attaquer et à
résoudre qui a fait le succès des idées anarchistes
et a contribué à leur rapide expansion : si bien que,
lancées par un groupe d'inconnus, sans moyens de
propagande, elles envahissent aujourd'hui, avec
plus ou moins de succès, les sciences, les arts et la
littérature.

La haine de l'autorité, les revendications sociales
datent de loin ; elles commencent aussitôt que
l'homme a pu se rendre compte qu'on l'opprimait.
Mais par combien de phases et de systèmes a-t-il
fallu que passe l'idée pour arriver à se concréter
sous sa forme actuelle?

———

C'est Rabelais qui, un des premiers, en formule
l'intuition en décrivant la vie de l'abbaye de Thé-
lèmes, mais combien obscure elle est encore; combien peu il la croit applicable à la société entière,
puisque l'entrée de la communauté est réservée à
une minorité de privilégiés, servis par une domes-
ticité attachée à leur personne.

En 93, on parle bien des anarchistes. Jacques

Roux et les *enragés* nous paraissent être ceux qui ont vu le plus clair dans la Révolution et ont le mieux cherché à la faire tourner au profit du peuple. Aussi, les historiens bourgeois les ont-ils laissés dans l'ombre ; leur histoire est encore à faire ; les documents, enfouis dans les archives et les bibliothèques, attendent encore celui qui aura le temps et le courage de les déterrer pour les mettre au jour et nous révéler le secret de choses bien incompréhensibles encore, pour nous, dans cette période tragique de l'histoire. Nous ne pouvons donc formuler aucune appréciation sur leur programme.

Il faut arriver à Proudhon pour voir l'anarchie se poser en adversaire de l'autorité et du pouvoir et commencer à prendre corps. Mais ce n'est encore qu'une ennemie théorique ; en pratique, dans son organisation sociale, Proudhon laisse subsister, sous des noms différents, les rouages administratifs qui sont l'essence même du gouvernement. L'anarchie arrive jusqu'à la fin de l'empire sous la forme d'un vague mutuelisme qui vient sombrer, en France, aux premières années qui suivent la Commune, dans le mouvement dévoyé et dévoyeur des associations coopératives de production et de consommation.

Mais, bien avant d'aboutir à cette solution impuissante, un rameau s'était détaché de l'arbre naissant. L'Internationale avait donné naissance,

en Suisse, à la *Fédération Jurassienne* où Bakounine propageait l'idée de Proudhon : l'Anarchie,
ennemie de l'autorité, mais en la développant, en
l'élargissant, en lui faisant faire corps avec les revendications sociales.

———

C'est de cette époque que date la véritable éclosion du mouvement anarchiste actuel. Certes, bien
des préjugés existaient encore, bien des illogismes
se faisaient jour dans les idées émises. L'organisation propagandiste contenait encore bien des germes
d'autoritarisme, bien des éléments survivaient de
la conception autoritaire, mais qu'importe ! le mouvement était lancé, l'idée grandit, s'épura et devint
de plus en plus précise. Et lorsque, il y a à peine
treize ans, l'anarchie s'affirmait en France, au con-
grès du Centre, quoique bien faible encore, quoique
cette affirmation ne fût que le fait d'une infime
minorité et qu'elle eût contre elle non seulement
les satisfaits de l'ordre social actuel, mais encore
ces pseudo-révolutionnaires qui ne voient, dans les
réclamations populaires, qu'un moyen de grimper
au pouvoir, l'idée avait en elle-même assez de force
d'expansion pour arriver à s'implanter, sans aucun
moyen de propagande, autre que la bonne volonté
de ses adhérents, assez de vigueur pour amener les
soutiens du régime capitaliste à l'injurier, la per-
sécuter, les gens de bonne foi à la discuter, ce qui
est une preuve de force et de vitalité.

Aussi, malgré la croisade de tous ceux qui, à un degré quelconque, peuvent se considérer comme les meneurs d'une des diverses fractions de l'opinion publique, malgré les calomnies, malgré les excommunications, malgré les condamnations, malgré la prison, l'idée d'anarchie a fait son chemin. Des groupes se fondent, des organes de propagande sont créés en France, en Belgique, en Italie, en Espagne, en Portugal, en Hollande, en Angleterre, en Norwège, en Amérique, en Australie, en langue slave, en allemand, en hébreu, en tchèque, en arménien, un peu partout, un peu en tous les idiomes.

Mais, chose plus importante, du petit groupe de mécontents où elles s'étaient formulées, les idées anarchistes ont irradié dans toutes les classes de la société. Elles se sont infiltrées partout où l'homme déploie son activité cérébrale. Les arts, la science, la littérature, sont imprégnés des idées nouvelles et leur servent de véhicule.

Ces idées ont commencé d'abord en formules inconscientes, en aspirations mal définies, bien souvent boutades plutôt que convictions réelles. Aujourd'hui, non seulement, on formule des aspirations anarchistes, mais on sait que c'est l'anarchie que l'on répand et on y pose crânement l'étiquette.

———

Les anarchistes ne sont donc plus les seuls à trouver que tout est mauvais, et à désirer un chan-

gement. Ces plaintes, ces aspirations sont formulées
par ceux-là mêmes qui se croient les défenseurs de
l'ordre capitaliste. Bien plus, on commence à sentir
que l'on ne doit plus se borner aux vœux stériles,
mais que l'on doit travailler à la réalisation de ce
que l'on demande ; on commence à comprendre et
à acclamer l'action, la propagande par le fait,
c'est-à-dire que, comparaison faite des jouissances
que doit apporter la satisfaction d'agir comme
l'on pense et des ennuis que l'on doit éprouver de
la violation d'une loi sociale, on tâche, de plus en
plus, de conformer sa manière de vivre à sa manière
de concevoir les choses, selon le degré de résistance que le tempérament particulier peut offrir
aux persécutions de la vindicte sociale.

———

Si les idées anarchistes ont pu se développer
avec cette force et cette rapidité, c'est que, tout en
venant en travers des idées reçues, des préjugés
établis, tout en effarouchant, au premier exposé,
les individus auxquels elles s'adressaient, elles
répondaient, par contre, à leurs sentiments secrets,
à des aspirations mal définies. Sous une forme
concrète, elles apportaient, à l'Humanité, cet idéal
de bien-être et de liberté qu'elle avait à peine osé
ébaucher dans ses rêves d'espérance :
Elles effarouchaient, de prime abord, les contradicteurs parce qu'elles prêchaient la haine ou le
mépris de nombre d'institutions que l'on croyait

nécessaires à la vie de la société. Parce qu'elles
démontraient, contrairement aux idées reçues, que
ces institutions sont mauvaises, de par leur essence
et non parce qu'elles sont aux mains d'individus
faibles ou méchants. Elles venaient apprendre
aux foules que, non seulement, il ne faut pas se
contenter de changer les individus au pouvoir,
de modifier partiellement les institutions qui nous
régissent, mais qu'il faut avant tout détruire ce
qui rend les hommes mauvais, ce qui fait qu'une
minorité peut se servir des forces sociales pour
opprimer la majorité ; que ce que jusqu'ici on avait
pris pour les causes du mal dont souffre l'Humanité
n'était que les effets d'un mal bien plus profond
encore, qu'il fallait s'attaquer aux bases mêmes, de
la société.

Or, nous l'avons vu en commençant, la base de
la société, c'est l'appropriation individuelle. L'autorité n'a qu'une seule raison d'être : la défense du
Capital. Famille, bureaucratie, armée, magistrature découlent directement de la Propriété individuelle. Le travail des anarchistes a donc été de
démontrer l'iniquité de l'accaparement du sol et des
produits du travail des générations passées par une
minorité d'oisifs, de saper l'autorité en la démontrant nuisible au développement humain, en met-
ant à nu son rôle de protectrice des privilégiés, en
montrant l'inanité des principes à la faveur desquels elle légitimait ses institutions.

Ce qui contribuait à éloigner des idées anarchistes les intrigants et les ambitieux, fut aussi ce
qui devait amener les penseurs à les étudier et à
se demander ce qu'elles apportaient : c'est qu'elles
ne laissaient aucune place aux préoccupations personnelles, aux ambitions mesquines, et ne pouvaient, en rien, servir de marchepied à ceux qui
ne voient dans les réclamations des travailleurs
qu'un moyen de se tailler une part dans les rangs
des exploiteurs.

Les papillons de la politique n'ont rien à faire
dans les rangs anarchistes. Peu ou pas de places
pour les petites vanités personnelles, pas de cor-
tèges de candidatures ouvrant carrière à toutes les
espérances, à toutes les palinodies.

Dans les partis politiques et socialistes autoritaires, un ambitieux peut amener sa « conversion »
par des gradations insensibles; on ne s'aperçoit
qu'il a tourné que bien longtemps après que
la conversion est accomplie. Chez les anarchistes
cela est impossible, car celui qui consentirait à
accepter une place quelconque dans la société
actuelle, après avoir démontré que tous ceux qui
sont en place ne peuvent y rester qu'à condition
d'être les défenseurs du système existant, celui-là
encourrait en même temps l'épithète de rénégat, car
il ne pourrait avoir aucun semblant de raison pour
justifier son « évolution ».

1.

Ainsi ce qui provoquait les haines des intrigants, éveillait en même temps l'esprit d'investigation des hommes de bonne foi, et ceci explique les progrès rapides de l'idée anarchiste.

Que répondre, en effet, à des gens qui vous démontrent que si vous voulez que vos affaires soient bien faites, vous devez les faire vous-mêmes, et ne déléguer personne à cet effet? Que reprocher à des hommes qui vous font voir que si vous voulez être libres, il ne faut commettre personne à vous *diriger?* Que répondre à ceux qui vous montrent les causes des maux dont vous souffrez, vous en indiquent le remède, et ne s'en font pas les dispensateurs, ayant bien soin, au contraire, de faire comprendre aux individus que eux seuls, eux-mêmes sont aptes à comprendre ce qui leur convient, juges de ce qu'ils doivent éviter.

Des idées assez fortes pour inspirer à des individus une conviction qui les fait lutter et souffrir pour leur propagation, sans en rien attendre directement, aux yeux des hommes sincères méritaient d'être étudiées et c'est ce qui est arrivé. Aussi, sans prendre garde aux criailleries des uns, aux rancunes des autres, aux attentats des gouvernants, l'idée grandit et progresse sans cesse, venant prouver à la bourgeoisie que l'on ne supprime ni ne fait taire la vérité. Tôt ou tard il faut compter avec elle.

L'anarchie a ses victimes : ses morts, ses emprisonnés, ses bannis, mais elle reste forte et vivante, le nombre de ses propagateurs a grandi sans cesse. Propagateurs conscients de leurs actes, parce qu'ils ont compris toutes les beautés de l'idée, aussi les propagateurs accidentels, qui se sont contentés de jeter leur cri de haine contre l'institution qui les a le plus froissés dans leurs sentiments intimes ou leurs instincts de justice et de vérité.

C'est que par leur ampleur, les idées anarchistes abritent et appellent à elles tous ceux qui ont le sentiment de leur dignité personnelle, la soif du Juste, du Beau et du Vrai.

Est-ce que l'idéal de l'homme ne serait pas d'être débarrassé de toute entrave, de toute contrainte ? Est-ce que les diverses révolutions qu'il a faites ne poursuivaient pas ce but ?

S'il subit encore l'autorité de ses exploiteurs, si l'esprit humain se débat encore sous l'étreinte des vulgarités de la société capitaliste, c'est que les idées reçues, la routine, les préjugés et l'ignorance ont été, jusqu'à présent, plus forts que ses rêves et ses désirs d'émancipation, l'entraînant, après avoir chassé les maîtres existants, à s'en donner de nouveaux, alors qu'il croyait s'affranchir.

———

Les idées anarchistes sont venues apporter la lumière dans les cerveaux, non seulement des travailleurs, mais aussi des penseurs de toute catégorie, en les aidant à bien analyser leurs propres sentiments. En mettant à nu les vraies causes de la misère, les moyens de les détruire. Montrant à tous la route à suivre et le but à atteindre ; expliquant pourquoi avaient avorté les révolutions passées.

C'est cette étroite relation avec le sentiment intime des individus qui explique leur rapide extension, qui fait leur force et les rend incompressibles. Les fureurs gouvernementales, les mesures oppressives, la rage des ambitieux déçus peuvent s'acharner contre elles et leurs propagateurs : aujourd'hui la trouée est faite ; on ne les empêchera plus de faire leur chemin, de devenir l'idéal des déshérités, les moteurs de leurs tentatives d'émancipation.

La société capitaliste est si mesquine, si étroite ; les aspirations larges s'y trouvent tellement comprimées ; elle annihile tant de bonnes volontés, tant d'aspirations, froissant et meurtrissant plus ou moins tant d'individualités qui ne peuvent se plier à son étroitesse de vues que, parvînt-elle à étouffer momentanément la voix des anarchistes actuels, son oppression en susciterait de nouveaux tout aussi implacables.

II

INDIVIDUALISME — SOLIDARITÉ

« Anarchie et communisme hurlent d'être accouplés ensemble », ont avancé quelques adversaires de mauvaise foi, peu soucieux d'éclaircir la question. « Le communisme est une organisation, cela empêche l'individualité de se développer, nous n'en voulons pas; nous sommes individualistes, nous sommes anarchistes, rien de plus », se sont ensuite écriés certains individus sincères, en ce sens qu'éprouvant le besoin de paraître plus avancés que tous leurs camarades en propagande et n'ayant pas d'originalité propre, ils se rattrapent en exagérant les idées, les poussant à l'absurde; et à côté d'eux sont venus se grouper ceux que les gouvernants ont intérêt à glisser chez leurs adversaires pour les diviser ou les dévoyer.

Et alors voilà les anarchistes lancés à discuter anarchie, communisme, initiative, organisation, influence nuisible ou utile du groupement, égoïsme et altruisme, et enfin un tas de choses plus absurdes les unes que les autres; car, après avoir bien discuté entre contradicteurs de bonne foi, il finissait par se dégager que l'on voulait tous la même chose, en l'appelant de noms différents.

En effet, les anarchistes qui se réclament du communisme reconnaissent tout les premiers que l'individu n'a pas été mis au monde pour la société; que, au contraire, celle-ci ne s'est formée qu'en vue de fournir à celui-là une plus grande facilité d'évoluer. Il est bien évident, quand un certain nombre d'individus se groupent et unissent leurs forces, qu'ils ont en vue d'obtenir une plus grande somme de jouissances, une dépense moindre de forces. Ils n'ont nullement l'intention de sacrifier leur initiative, leur volonté, leur individualité propre au profit d'une entité qui n'existait pas avant leur réunion, qui disparaîtrait par leur dispersion.

Ménager leurs forces tout en continuant d'arracher à la nature les choses nécessaires à leur existence, et qu'ils ne pouvaient atteindre que par la concentration de leurs efforts, voilà certainement ce qui a guidé les premiers humains quand ils ont commencé à se grouper, ou devait, tout au moins, être tacitement entendu, si ce n'était complètement raisonné dans leurs associations premières, qui, peut-être bien, même, ont dû être temporaires et bornées à la durée de l'effort, se rompant une fois le résultat obtenu.

Donc, chez les anarchistes, personne ne songe à subordonner l'existence de l'individu à la marche de la société.

L'individu libre, complètement libre dans tous ses modes d'activité, voilà ce que nous demandons tous; et lorsqu'il y en a qui repoussent l'organisation, qui ne jurent que par l'individu, qui disent qu'ils se moquent de la communauté, affirmant que l'égoïsme de l'individu doit être sa seule règle de conduite; que l'adoration de son Moi doit passer avant et au-dessus de toute considération humanitaire, — croyant par cela être plus avancés que les autres, — ceux-là n'ont jamais étudié l'organisation psychologique et physiologique de l'homme, ne se sont seulement jamais rendu compte de leurs propres sentiments; ils n'ont aucune idée de ce qu'est la vie de l'homme actuel, quels sont ses besoins physiques, moraux et intellectuels.

La société actuelle nous montre quelques-uns de ces parfaits égoïstes : les Delobelle, les Hialmar Eikdal ne sont pas rares; ils ne se trouvent pas que dans les romans. Sans en rencontrer un grand nombre, il nous est donné de voir quelquefois, dans nos relations, de ces types qui ne pensent qu'à eux,

qui ne voient que leur personne dans la vie. S'il y
a un bon morceau sur la table, ils se l'adjugeront
sans aucun scrupule. Ils vivront largement au
dehors, pendant que chez eux on crèvera de faim.
Ils accepteront les sacrifices de tous ceux qui les
entourent : père, mère, femme, enfants, comme
chose due, pendant qu'ils se prélasseront ou se go-
bergeront sans vergogne. Les souffrances des
autres ne comptent pas, pourvu que leur existence
à eux ne fasse pas de plis. Bien mieux, ils ne s'a-
perçoivent même pas que l'on souffre par eux et
pour eux. Lorsqu'ils sont repus et bien dispos, l'humanité est satisfaite et délassée. — Voilà bien le
type du parfait égoïste, dans le sens absolu du mot;
mais on peut dire aussi que c'est le type d'un triste
individu. Le bourgeois le plus répugnant n'ap-
proche même pas de ce type; il a, parfois encore,
l'amour des siens, ou, tout au moins, quelque chose
d'approchant qui le remplace. Nous ne croyons pas
que les partisans sincères de l'individualisme le
plus outré aient jamais eu l'intention de nous donner ce type comme idéal de l'Humanité à venir. Pas
plus que les communistes-anarchistes n'ont entendu prêcher l'abnégation et le renoncement, aux
individus, dans la société qu'ils entrevoient. Repoussant l'entité : *société*, ils repoussent également
l'autre entité : *individu,* que l'on tendait à créer en
poussant la théorie jusqu'à l'absurde.

L'individu a droit à toute sa liberté, à la satisfaction de tous ses besoins : cela est entendu; seulement, comme il existe plus d'un milliard d'individus sur la terre, avec des droits, sinon des besoins
égaux, il s'ensuit que tous ces droits doivent se satisfaire sans empiéter les uns sur les autres, sinon
il y aurait oppression, ce qui rendrait alors inutile
la révolution faite.

Ce qui tend beaucoup à embrouiller les idées,
c'est que l'immonde société qui nous régit, basée sur
l'antagonisme des intérêts, a mis les individus aux
prises les uns avec les autres, et les force à s'entre-
déchirer pour s'assurer la possibilité de vivre. Dans
la société actuelle, il faut être ou voleur ou volé,
écraseur ou écrasé; pas de milieu. Aujourd'hui, celui
qui veut aider son voisin risque fort d'en être la dupe;
de là, pour celui qui ne raisonne pas, la croyance
que les hommes ne peuvent vivre sans se combattre.

Les anarchistes, eux, disent que la société doit
être basée sur la solidarité la plus étroite. Il ne faut
pas, dans cette société qu'ils veulent réaliser, que
le bonheur individuel puisse se réaliser, ne serait-ce que pour la plus infime de ses parties, au
détriment d'un autre individu; il faut que le bien-
être particulier découle du bien-être général, il
faudra, quand un individu se sentira lésé dans son
autonomie, dans ses jouissances, que tous les autres
individus en ressentent la même atteinte, afin qu'ils
puissent y remédier.

Tant que cet idéal ne sera pas réalisé, tant que ce
but ne sera pas atteint, vos sociétés ne seront que
des organisations arbitraires, contre lesquelles les
individus qui se sentent lésés auront le droit de se
révolter.

Si l'homme pouvait vivre isolé, s'il pouvait retourner à l'état de nature, il n'y aurait pas à discuter comment on vivra : on vivrait comme chacun
l'entendrait. La terre est assez grande pour loger
tout le monde; mais la terre, livrée à elle-même,
fournirait-elle assez de vivres pour tous? Cela est
moins assuré; ce serait probablement la guerre féroce entre individus, la « lutte pour l'existence »
des premiers âges, dans toute sa fureur. Ce serait
le cycle de l'évolution déjà parcouru à recommencer,
les plus forts opprimant les plus faibles, jusqu'à ce qu'ils soient remplacés par les plus intrigants, que la valeur-argent remplace la valeur-
force.

Si nous avons dû traverser toute cette période de
sang, de misère et d'exploitation qui s'appelle l'histoire de l'Humanité, c'est que l'homme a été égoïste
dans le sens absolu du mot, sans aucun correctif,
sans aucun adoucissement. Il n'a vu, dès le début de
son association, que la satisfaction de la jouissance
immédiate. Quand il a pu asservir le plus faible, il
l'a fait, sans aucun scrupule, ne voyant que la
somme de travail qu'il en tirait, sans réfléchir que la
nécessité de le surveiller, les révoltes qu'il aurait à

réprimer finiraient, à la longue, par lui faire faire
un travail tout aussi onéreux, et qu'il aurait mieux
valu travailler côte à côte, en se prêtant une aide
mutuelle. C'est ainsi que l'Autorité et la Propriété
ont pu s'établir ; or, si nous voulons les renverser,
ce n'est pas pour recommencer l'évolution passée.

Si on admettait cette théorie : que les mobiles de
l'individu doivent être l'égoïsme pur et simple, l'a-
doration et la culture de son Moi, on arriverait à
dire qu'il doit se lancer dans la mêlée, travailler à
acquérir les moyens de se satisfaire, sans s'occuper
s'il en froisse d'autres à côté. Affirmer cela, ce serait
avouer que la révolution future devrait être faite
par et pour les plus forts, que la société nouvelle
doit être un conflit perpétuel entre les individus. S'il
en était ainsi, nous n'aurions pas à nous réclamer
d'une idée d'affranchissement général. Nous ne serions révoltés contre la société actuelle qu'à cause
de ce que son organisation capitaliste ne nous permet pas de jouir aussi.

Il se peut que, parmi ceux qui se sont dits anarchistes, il y en ait eu qui aient envisagé la question
à ce point de vue. Cela nous expliquerait ces défec-
tions et ces palinodies d'individus qui, après avoir
été les plus ardents, ont déserté les idées pour se
ranger parmi les défenseurs de la société actuelle,
parce que celle-ci leur offrait des compensations.

Certainement nous la combattons, cette société,
parce qu'elle ne nous donne pas la satisfaction de

toutes nos aspirations ; mais nous avons compris
aussi que notre intérêt bien entendu voulait que
cette satisfaction de nos besoins fût étendue à tous
les membres de la société.

———

L'homme est toujours égoïste, il tend toujours à
faire de son *Moi* le centre de l'univers. Mais, l'intelligence se développant, il est arrivé à comprendre
que si son Moi voulait être satisfait, il y avait
d'autres Moi qui le voulaient aussi. Ceux qui ne
l'étaient pas ont fait comprendre qu'ils avaient droit
à l'être. Ce qui fait que les sentimentalistes, les
mystiques en sont arrivés à prêcher le renoncement,
le sacrifice, le dévouement au prochain.

L'arbitraire des sociétés, tout en continuant de
prêcher l'oppression de l'individualité au profit de
la collectivité, — ce dogme ayant même contribué à
son maintien tout autant que la force, — l'arbitraire
a dû s'adoucir, faire une part plus large à l'individualité.

Si l'égoïsme étroit, mal entendu, est contraire au
fonctionnement d'une société, le renoncement et
l'esprit de sacrifice sont funestes à l'individualité.
Se sacrifier pour les autres, surtout quand ils vous
sont indifférents, n'entre pas dans l'esprit de tout
le monde. Et cela, du reste, aurait été, à la longue,
préjudiciable à l'humanité même : en laissant dominer les esprits étroits, égoïstes au mauvais sens du
mot ; c'est le type le moins parfait de l'humanité

qui arriverait à absorber les autres. L'altruisme proprement dit ne pouvait donc arriver à s'implanter non plus.

Mais, si l'égoïsme et l'altruisme séparés, poussés chacun à l'extrême sont pernicieux pour l'individu et pour la société, associés ensemble, ils se résolvent en un troisième terme qui est la loi des sociétés de l'avenir. Cette loi, c'est la solidarité !

Nous nous unissons, à plusieurs, en vue d'obtenir la satisfaction d'une de nos aspirations. Cette association n'ayant rien de forcé, rien d'arbitraire, motivée seulement par un besoin de notre être, il est bien évident que nous apporterons, dans cette association, d'autant plus de force et d'activité que le besoin chez nous sera plus intense.

Ayant tous coopéré à la production, nous avons tous droit à la consommation, cela est évident, mais, comme on aura calculé la somme des besoins — en y faisant entrer ceux qui seront à prévoir — pour arriver à produire pour la satisfaction de tous, la solidarité n'aura pas de peine à s'établir pour que chacun ait sa part. Ne dit-on pas que le naturel de l'homme est d'avoir les yeux plus grands que la panse ? Or, plus intense sera chez lui le désir, plus forte sera la somme d'activité qu'il apportera à sa réalisation. Il arrivera ainsi à produire, non seulement pour satisfaire les coparticipants, mais encore ceux chez qui le désir ne s'éveillerait qu'au vu de la chose produite. Les besoins de l'homme étant infinis, infinis seront ses modes d'activité, infinis ses moyens de se satisfaire, et c'est cette variété de besoins qui concourra à l'établissement de l'Harmonie générale.

Dans notre société où l'on est habitué à se reposer sur le travail d'autrui pour obtenir les choses nécessaires à l'existence, on n'a qu'un objectif : se procurer assez d'argent pour pouvoir acheter ce que bon vous semble ; or, comme le travail manuel n'arrive même pas à empêcher de crever de faim, celui qui n'a que cette ressource cherche à se procurer de l'argent par tous les moyens, sauf par le travail, en se faisant, soit fonctionnaire, soit journaliste, y compris le chantage ; celui qui a une avance fait du commerce et augmente ses bénéfices en volant ses contemporains, il agiote, il spécule ; ou fait travailler les autres. On fait toutes sortes de choses plus ou moins malpropres, sauf ce qui serait nécessaire pour que tous y trouvassent leur compte : de la production utile. De sorte que chacun tire à soi la couverture, sans s'occuper de ceux qu'il dépouille, de là cet égoïsme irraisonné qui semble être devenu le seul mobile des actions humaines.

Mais, en s'affinant, l'homme arrive aussi à ne pas vivre que pour lui-même et en lui-même ; le type du parfait égoïste humainement développé est d'arriver à souffrir de la souffrance de ceux qui l'entourent, d'avoir sa jouissance gâtée par la réflexion que d'autres, de par le fait de l'organisation sociale vicieuse où nous vivons, peuvent en souffrir. La bourgeoisie a, dans son sein, des individus chez lesquels la sensitivité est certainement très developpée ; quand les influences de milieu, d'éducation, d'hérédité leur laissent le loisir de réfléchir aux misères et aux turpitudes sociales, quand ils peuvent se rendre compte de leur existence, ils essaient de remédier, autant que possible, à la misère, par la charité. D'où les œuvres philanthropiques. Mais l'habitude de croire la société normalement constituée, l'habitude de considérer la Misère comme éternelle, comme le produit de l'inconduite du travailleur, engendre le caractère sec, inquisitorial de la philanthropie.

C'est que, pour l'homme né, éduqué, développé dans les serres chaudes du bien-être, du luxe, il est très difficile, impossible même, à moins de circonstances exceptionnelles, d'arriver à douter de la légitimité de la situation dont il jouit. De la part du parvenu, difficulté plus grande encore, car il croit devoir sa situation à son talent et à son travail. La religion, la suffisance et les économistes ont tellement affirmé que le travail était une punition, que la misère était le fait de l'imprévoyance de ceux qui y sont en proie, comment voulez-vous que celui qui n'a jamais eu à lutter contre l'adversité ne se croie pas d'une essence supérieure ? Du jour où il vient à en douter, où il se met à étudier

l'organisation sociale, s'il est assez bien doué pour
en comprendre les vices, ses jouissances seront
empoisonnées dans leur source. Cet homme souffrira
de se dire que son luxe nécessite la misère d'une
foule de travailleurs, que chacune de ses jouissances
est achetée au prix des souffrances de ceux qui sont
sacrifiés à les produire. Si la combativité est développée chez cet homme à l'égal de la sensitivité, cet
homme fera un révolté de plus contre l'ordre social
qui ne lui assure même pas la jouissance morale et
intellectuelle.

————

Car, il ne faut pas l'oublier, la question sociale
ne se borne pas à une simple question matérielle.
Nous luttons certainement, et avant tout, pour que
tous aient à manger à leur faim, mais là ne se
bornent pas nos revendications ; nous luttons aussi
pour que chacun puisse se développer selon ses
facultés, et se procurer les satisfactions intellectuelles que lui créent les besoins de son cerveau.
Certainement, pour beaucoup d'anarchistes, la
question s'arrête là, et c'est ce qui a amené ces diverses interprétations et discussions sur l'égoïsme,
l'altruisme, etc. Rien de moins développé que la
question du ventre, seulement ce serait un danger
pour le succès même de la Révolution que de s'arrêter là, car alors on pourrait tout aussi bien accepter
l'Etat socialiste qui doit, et pourrait assurer, à tous,
la satisfaction de leurs besoins physiques.

Si la prochaine révolution bornait ses desiderata à la seule question de la vie matérielle, elle risquerait fort de s'arrêter en route, de dégénérer en une vaste saoulerie qui ne tarderait pas à livrer, une fois l'orgie passée, les insurgés aux coups de la réaction bourgeoise. Heureusement que cette question primordiale aujourd'hui, nous le reconnaissons, pour le monde travailleur, que les chômages de plus en plus prolongés rendent incertain de l'avenir, n'est pas la seule qui sera résolue dans la révolution prochaine. Certainement, la première œuvre des anarchistes, pour faire réussir la révolution, sera de faire main basse sur la richesse sociale ; d'appeler les déshérités à s'emparer des magasins, de l'outillage, du sol; de s'installer dans les locaux salubres en détruisant les trous où on les force à pourrir aujourd'hui ; les révoltés devront détruire les paperasses qui assurent le fonctionnement de la propriété : études d'huissiers, de notaires, cadastre, enregistrement, état-civil devront être visités et « nettoyés ». Mais, pour faire tout ce travail, il faut plus que des affamés, il faut des individus conscients de leur individualité, jaloux de tous leurs droits, voulant fermement les conquérir, et capables de les défendre une fois acquis ; c'est pourquoi une question de subsistance, seule, serait impuissante à opérer cette transformation.

C'est ce qui fait aussi, qu'à côté du droit à l'existence que réclament les anarchistes, se lèvent toutes

ces questions d'art, de sciences, de philosophie que
les anarchistes sont forcés d'étudier, d'approfondir,
d'élucider et qui font que les idées anarchistes doivent embrasser toutes les connaissances humaines.
Partout elles ont trouvé des arguments en leur
faveur, partout se sont levés des adhérents qui apportaient leur contingent de réclamations, et venaient renforcer les idées de leur savoir. La somme
des connaissances humaines est tellement grande
que les cerveaux les plus privilégiés ne peuvent
s'en approprier qu'une partie ; aussi l'idée anarchiste ne peut-elle se condenser en quelques cerveaux qui en délimitent les bases et en tracent le
programme, elle ne peut s'élucider qu'avec le concours de tous, qu'à l'aide des connaissances de
chacun, et c'est ce qui fait sa force, car c'est ce
concours de tous qui lui permettra de résumer
toutes les aspirations humaines.

III

TROP ABSTRAITS

Vous êtes trop abstraits !

C'est une objection souvent adressée aux anarchistes, par nombre de personnes : elles disent que, nous adressant de préférence aux travailleurs, nous ferions une propagande plus fructueuse si nous consentions à prendre les choses de moins haut.

Par le chapitre précédent nous avons vu que c'était le développement lui-même des idées qui nous entraînait à traiter des questions qui n'étaient pas toujours à la portée de ceux auxquels nous nous adressons, c'est une fatalité que nous subissons et contre laquelle nous ne pouvons rien.

Pour ceux qui commencent à mordre à la question sociale, nos écrits peuvent, parfois, paraître d'une aridité que nous ne contestons pas. Mais, pouvons-nous faire que les questions que nous traitons, et qui sont à traiter, ne soient pas arides par elles-mêmes! Pouvons-nous empêcher que les idées que nous défendons, s'enchaînant les unes les autres, s'identifiant avec toutes les branches du savoir humain, entraînent ceux qui veulent les élucider à étudier des choses dont ils ne pensaient pas avoir besoin?

Et, du reste, est-ce que tout ce travail préparatoire auquel on voudrait nous condamner n'a pas été fait par nos prédécesseurs socialistes? Est-ce que les bourgeois eux-mêmes ne travaillent pas à la démolition de leur société? Est-ce que tous les ambitieux, radicaux, socialistes plus ou moins bon teint, ne s'acharnent pas à démontrer aux travailleurs que la société actuelle ne peut rien pour eux, qu'elle doit être changée.

Les anarchistes n'ont donc qu'à analyser cet énorme travail, à le coordonner, à en dégager l'essence.

Leur rôle se borne à démontrer que ce n'est pas en changeant les gouvernants que l'on guérira les maux dont on souffre, que ce n'est pas en modifiant seulement les rouages de l'organisme social que nous les empêcherons de produire les effets mauvais que les bourgeois désireux d'arriver au pouvoir s'entendent si bien à démontrer. Mais notre be-

sogne est compliquée précisément parce que les
idées que nous remuons sont abstraites.

Certes, si nous voulions nous contenter de dé-
clamations et d'affirmations, la tâche serait rendue
facile, et pour nous et pour ceux qui nous lisent,
Plus de problèmes ardus à résoudre, plus besoin de
se mettre en frais d'arguments et de logique ; c'est
facile de dire et d'écrire : « Camarades, les patrons
nous volent! les bourgeois sont des crapules! les
gouvernants des canailles ! il faut se révolter, tuer
les capitalistes, mettre le feu dans les usines! »

D'ailleurs, avant qu'on l'écrivît, les exploités ont,
parfois, tué leurs exploiteurs, les gouvernés ont fait
des révolutions, les pauvres se sont insurgés contre
les riches, mais on n'a rien changé à la situation.
On a changé de gouvernants ; en 89 la propriété a
changé de maître ; on a fait depuis des révolutions
espérant qu'elles fourniraient les moyens de la faire
changer encore de mains, les gouvernants oppri-
ment toujours les gouvernés, les riches vivent toujours aux dépens des exploités, il n'y a rien de
changé.

Depuis qu'on l'a écrit, on a aussi fait des révolutions, et rien n'a été changé! C'est qu'il ne s'agit
pas de dire et d'écrire que le travailleur est ex-
ploité, il faut lui expliquer surtout comment, en
changeant de maîtres, il ne cesse pas d'être ex-
ploité, et comment, s'il se mettait à la place de ses
maîtres, il deviendrait exploiteur à son tour, lais-

sant derrière lui des exploités qui formuleraient
contre sa domination les mêmes griefs qu'il formule contre ceux qu'il aurait dépossédés. Ce qu'il
faut leur faire comprendre encore, c'est comment
les bourgeois les ont intéressés à leur société, les
amenant à défendre les privilèges des exploiteurs,
quand ils croient défendre leur propre intérêt,
dans une organisation qui n'a, pour eux, que des
promesses jamais réalisées.

———

La société bourgeoise se charge, elle-même, par
son organisation basée sur l'antagonisme des intérêts, de mener les travailleurs à la révolution ; or,
les travailleurs ont toujours fait des révolutions
mais s'en sont toujours laissé escamoter le profit,
parce qu'ils « ne savaient pas ». Le rôle des propagandistes est donc « d'apprendre » aux travailleurs,
et pour leur apprendre, il faut leur « démontrer ».
L'affirmation fait des croyants, mais non des
conscients.

Alors que, même pour les socialistes les plus
avancés, l'autorité était la base de toute organisation, il ne pouvait y avoir aucun mal à n'avoir que
des croyants ; au contraire, cela facilitait la besogne
à ceux qui s'érigeaient en directeurs ; on pouvait
procéder par affirmation, on était cru selon le degré
d'autorité que l'on avait su acquérir et comme les
directeurs ne demandaient pas à leurs prosélytes

de savoir pourquoi on les faisait agir, mais de
« croire » assez pour obéir aveuglément aux ordres
reçus, ils n'avaient pas besoin de se tuer à leur
fournir des arguments.

Croyant aux hommes providentiels qui devaient
penser et agir pour eux, la masse des prosélytes
n'avait nul besoin d'apprendre tant de choses. Est-ce
que les chefs n'avaient pas, tout préparé dans leur
cerveau, un plan de réorganisation sociale qu'ils
s'empresseraient d'appliquer une fois portés au
pouvoir ? Savoir se battre et se faire tuer, c'est tout
ce que l'on demandait au vulgaire d'apprendre et
d'exécuter. Une fois les chefs en place, le bon po-
pulo n'avait qu'à attendre, tout devait lui venir à
point, sans qu'il eût à s'inquiéter !

Mais les idées anarchistes sont venues bouleverser tout cela. Niant la nécessité des hommes providentiels, faisant la guerre à l'autorité et réclamant
pour chaque individu le droit et le devoir de n'agir
que sous sa propre impulsion, de ne subir aucune
contrainte ni aucune restriction à son autonomie,
proclamant l'initiative individuelle comme base de
tout progrès et de toute association vraiment liber-
taire, l'idée anarchiste ne peut plus se contenter de
faire des croyants; elle doit viser surtout à faire des
convaincus, sachant pourquoi ils croient, parce que
les arguments qu'on leur a fournis les ont frappés
et qu'ils les ont pesés, discutés, et se sont rendu
compte par eux-mêmes de leur valeur; de là une

propagande plus difficile, plus ardue, plus abstraite, mais aussi plus efficace.

———

Du moment que les individus ne relèvent que de leur propre initiative, ils doivent être mis à même de l'exercer efficacement. Pour que l'initiative de l'individu puisse s'adapter librement à l'action d'autres individus, il faut qu'elle soit consciente, raisonnée, basée sur la logique de l'ordre naturel des faits ; pour que tous ces actes séparés viennent converger vers un but commun, il faut qu'ils soient suscités par une idée commune fortement comprise, clairement élaborée, ce n'est donc qu'une discussion serrée, logique et précise des idées qui peut ouvrir le cerveau de ceux qui les adoptent et les amener à réfléchir par eux-mêmes.

De là, notre manière de procéder qui fait que, lorsque nous prenons une idée, au lieu de chercher à en tirer un feu d'artifices de phrases à effet, nous la prenons et la retournons sous toutes ses faces, la disséquons jusque dans ses derniers atomes afin d'en tirer toute la somme d'argumentation possible.

———

Ah ! ce n'est pas une petite affaire que de culbuter une société, comme nous parlons de le faire, surtout quand on veut que cette culbute sociale soit universelle, comme nous le désirons.

Il est évident que les individus qui composent

cette société, si marâtre soit-elle pour eux, ne sont pas portés à envisager d'emblée, comme nous, la nécessité de cette culbute ; ayant été habitué à y voir le palladium de leur préservation, de la possi-bilité de leur bien-être. Ils comprennent bien que cette société ne leur fournit pas ce qu'elle a promis, mais ils ne peuvent comprendre la nécessité de sa destruction totale. — Chacun n'a-t-il pas sa petite réforme à y apporter qui doit graisser tous les rouages et faire marcher la machine à la satisfaction de tous !

Ils veulent donc savoir si cette culbute leur sera profitable ou préjudiciable, de là une foule de ques-tions qui amènent à discuter toutes les connais-sances humaines, afin de savoir si elles surnage-ront dans le cataclysme que nous voulons provo-quer.

De là l'embarras du travailleur qui voit dérouler devant son entendement un tas de questions qu'on s'est bien gardé de lui apprendre à l'école, ques-tions où il lui est bien difficile de se reconnaître, qu'il entend, pour la plupart du temps, traiter pour la première fois. Questions, pourtant, qu'il faut qu'il étudie, qu'il approfondisse et qu'il résolve s'il veut être apte à profiter de cette autonomie qu'il réclame, s'il ne veut pas user son initiative à son propre détriment, et surtout, s'il veut savoir se pas-ser des hommes providentiels.

Lorsqu'une question, si abstraite soit-elle, se présente aux investigations du propagandiste anarchiste, celui-ci ne peut pas ne pas faire qu'elle soit abstraite de par son essence même, et la passer sous silence sous prétexte que ceux auxquels il s'adresse n'en ont pas entendu parler ou ne sont pas aptes à le comprendre.

L'exposer dans un langage net, clair, précis et concis ; éviter les mots à mille pattes — selon l'expression d'un de nos camarades — c'est-à-dire les mots qui ne sont compris que des initiés, éviter d'enterrer sa pensée sous une phraséologie ronflante et redondante, de rechercher la phrase et l'effet, voilà tout ce que peuvent faire ceux qui ont à cœur de propager l'idée, de la faire comprendre et de la faire pénétrer dans la masse, mais nous ne pouvons pas la mutiler sous prétexte qu'elle n'est pas accessible à la masse.

S'il fallait éluder toutes les questions que la masse des lecteurs n'est pas apte à comprendre au premier énoncé, ce serait se condamner à revenir à la déclamation, à l'art d'enfiler les phrases au bout les unes des autres pour ne rien dire. Ce rôle est assez bien tenu par les rhéteurs bourgeois pour que nous ne cherchions pas à les en déposséder.

Si les travailleurs veulent s'émanciper, ils doivent comprendre que cette émancipation ne viendra pas toute seule, qu'il faut qu'ils l'acquièrent,

que s'instruire est une des formes de la lutte sociale.

La durée et la possibilité de leur exploitation par
la classe bourgeoise, proviennent de leur ignorance ; il faut qu'ils sachent s'affranchir intellectuellement, s'ils veulent être aptes à s'affranchir
matériellement. S'ils reculaient déjà devant les
difficultés de cette émancipation qui ne dépend que
de leur vouloir, que sera-ce donc devant les difficultés d'une lutte plus active où il faudra dépenser
une force de caractère et une somme de volonté in-
commensurables ?

Tout inutile et nuisible qu'elle soit, la bourgeoisie n'en a pas moins concentré dans les cerveaux
de quelques-uns des siens toutes les connaissances
scientifiques nécessaires au développement de l'humanité. Si nous ne voulons pas que la révolution
soit un retour en arrière, il faut que le travailleur
soit apte à remplacer intellectuellement la bourgeoisie qu'il veut culbuter ; il ne faut pas que son
ignorance soit un obstacle au développement des
connaissances déjà acquises. S'il ne les connaît pas
à fond, il doit être apte à les comprendre lorsqu'il
se trouvera en leur présence.

———

Certes, nous comprenons toutes les impatiences,
nous nous imaginons parfaitement que ceux qui
ont faim voudraient voir luire le jour où ils pourront apaiser leur faim ; nous nous rendons parfai-

tement compte que ceux qui ne subissent qu'en maîtrisant leurs colères le joug de l'autorité, soient impatients de le secouer, désireux d'entendre des paroles en conformité avec leur situation d'esprit, leur rappelant leurs haines, leurs désirs, leurs aspirations, leur soif de justice.

Mais, quelles que soient les impatiences, quelque légitimes que soient les revendications et le besoin de les réaliser, l'idée ne suit son chemin que peu à peu, ne pénètre dans les cerveaux et ne s'y loge que mûrie et élaborée.

Quand on pense que la bourgeoisie, que nous voulons renverser, a mis des siècles à se préparer avant de renverser la royauté, cela doit nous donner à réfléchir sur le travail d'élaboration que nous avons à faire.

Au quatorzième siècle, quand Etienne Marcel tenta de se saisir du pouvoir au profit de la bourgeoisie déjà organisée en corporations, elle se sentait déjà forte, la classe bourgeoise; il y avait longtemps qu'elle aspirait à l'autorité, et qu'elle s'était organisée dans ce but, qu'elle s'était instruite, développée, qu'elle travaillait à son affranchissement en poursuivant contre la féodalité l'affranchissement des communes.

Ce ne fut pourtant que quatre siècles plus tard qu'elle réussit à atteindre le but si longuement convoité.

Certes nous espérons bien ne pas attendre si

longtemps notre affranchissement et le renversement de l'exploitation bourgeoise. Son complet avachissement, au bout de si peu de temps de pouvoir,
pousse à sa rapide déchéance, mais si la bourgeoisie a pu se substituer, en 89, au droit divin,
c'est qu'elle s'était préparée, intellectuellement, à
cette substitution, et plus sa dégringolade est rapide, plus nous devons nous hâter, nous travailleurs,
à nous préparer intellectuellement, non pas à la
remplacer au pouvoir que nous devons détruire,
mais à nous organiser pour empêcher qu'aucune
aristocratie ne se substitue à celle effondrée.

———

Une fois établie l'idée de la libre initiative des
individus, ceux-ci doivent être mis à même, nous
ne saurions trop le répéter, de savoir raisonner et
combiner leur initiative. S'ils n'ont pas la volonté
de se défaire de leur propre ignorance, comment
pourraient-ils être aptes à faire comprendre aux
autres quand ils n'auront pas pu apprendre eux-
mêmes ? N'ayons donc pas peur de discuter les
questions les plus abstraites, chaque solution
acquise est un pas de fait dans la voie de l'émancipation.

Repoussant les chefs, il faut que les connaissances qu'ils renfermaient en leurs cerveaux, soient
répandues dans ceux de la foule, et il n'y a qu'un
moyen de se mettre à sa portée, tout en continuant
à marcher de l'avant, c'est de l'amener à s'intéresser

aux questions qui nous intéressent. Encore une
fois, rendons-nous clairs, autant qu'il nous est possible, mais ne nous châtrons pas ; car alors, au lieu
d'amener la masse à nous, c'est nous qui serions
ramenés à elle, au lieu d'aller de l'avant, nous serions retournés en arrière. Drôle de façon, on en
conviendra, de comprendre le progrès.

IV

L'HOMME EST-IL MAUVAIS ?

C'est sur cet argument : « L'homme est trop mauvais pour qu'il sache se conduire tout seul », que les autoritaires se basent pour justifier le pouvoir qu'ils veulent établir. « Il faudrait pouvoir refondre l'homme », répond-on aux anarchistes, lorsqu'ils parlent d'établir une société basée sur la solidarité, sur l'égalité la plus complète, sur l'autonomie la plus absolue de l'individu, sans autorité, sans règles ni contrainte.

L'homme est mauvais ; sans doute, mais peut-il devenir meilleur et peut-il devenir pire ? Y a-t-il dans son état actuel un changement possible dans le bien ou dans le mal ? Peut-il s'améliorer ou se détériorer physiologiquement et moralement ? Et si l'évolution dans un sens ou dans un autre est pos-

sible — ce que l'histoire nous démontre — est-ce
que l'héritage des anciennes lois, est-ce que le har-
nais des vieilles institutions tendent à rendre
l'homme meilleur ou contribuent-ils à le rendre
plus mauvais ? C'est la réponse à cette question qui
nous dira lequel des deux, l'homme moderne ou
l'état social, il faut réformer le premier.

Nul ne nie aujourd'hui que le milieu physique
n'ait une influence énorme sur la constitution physiologique de l'homme, or à plus forte raison le milieu moral et intellectuel sur sa constitution psychologique.

Sur quoi est basée la société actuelle ? Tend-elle
à créer l'harmonie entre les hommes ? Fait-elle en
sorte que le mal arrivant à l'un, soit ressenti par
les autres, afin que tous soient amenés à le diminuer où à le prévenir ? Le bien-être particulier dé-
coule-t-il du bien-être général et personne n'est-il
intéressé à en troubler le fonctionnement ? La société des maîtres, rois, prêtres et marchands, per-
met-elle à toutes les idées généreuses de se produire ou plutôt ne tend-elle pas à les étouffer ? N'a-
t-elle pas à son service pour écraser les faibles
cette force brutale : l'argent, qui met les plus géné-
reux et les moins égoïstes à la merci des plus avides
et des moins scrupuleux ?

Il suffit d'étudier le mécanisme de la société
bourgeoise pour reconnaître qu'elle ne peut rien

produire de bon. Il faut que les aspirations vers le
beau et le bon soient bien vivaces dans la race humaine pour que ces aspirations n'aient pas été
étouffées par l'égoïsme étroit, irraisonné et la rapacité que la société officielle lui inculque dès le
berceau.

Cette société, nous l'avons vu dans le chapitre
précédent, est basée sur l'antagonisme des intérêts
et fait de chaque individu l'ennemi de son voisin.
L'intérêt du vendeur est opposé à celui de l'ache-
teur ; l'éleveur et le cultivateur ne demandent
qu'une « bonne épidémie et une bonne grêle » chez
leurs voisins afin de renchérir leurs denrées ; quand
ils n'ont pas recours à l'Etat qui les « protège » en
frappant de droits élevés les produits de leurs concurrents ; le développement de l'outillage mécanique tend de plus en plus à diviser les travailleurs
en les jetant sur le pavé et en les amenant à se disputer entre eux pour se supplanter dans les emplois
dont le nombre devient de plus en plus inférieur
aux demandes. Enfin tout, dans la société tradition-
nelle, tend à diviser les individus : à l'heure
actuelle, pourquoi y a-t-il chômage et misère ? —
parce que les magasins regorgent de produits.
Comment se fait-il qu'il ne soit pas encore venu aux
individus l'idée de les incendier ou de s'en emparer
et de se procurer ainsi le travail qu'on leur refuse,
en créant chez eux les débouchés que leurs exploiteurs vont chercher si loin ? — « C'est qu'on a peur

du gendarme », dira-t-on. Cette peur est réelle,
mais elle ne suffit pas, à elle seule, à expliquer
l'apathie des meurt-de-faim. Que d'occasions se
présentent dans la vie courante où l'on pourrait
faire le mal sans aucun risque et où l'on n'agit
pas pour des raisons autres que la « peur du gendarme ». Et, au surplus, les meurt-de-faim, s'ils
voulaient se réunir tous, sont assez nombreux à
Paris, par exemple, pour ne pas avoir peur du gendarme, tenir, toute une journée, la police en échec,
vider les magasins, faire ripaille une bonne fois
pour toutes. Eux qui vont en prison pour vagabon-
dage et mendicité, est-ce bien la peur de la prison
qui leur fait mendier ce qu'il ne leur coûterait pas
plus de prendre. C'est qu'en dehors de la couardise, il y a l'instinct de la sociabilité qui empêche
les individus de faire le mal pour le mal, et leur
fait accepter les plus lourdes entraves dans l'idée
qu'elles sont nécessaires au bon fonctionnement de
la société.

Croit-on que la force seule aurait suffi pour
assurer le respect de la Propriété, si, dans l'esprit
des individus, il ne s'y était mêlé un caractère de
légitimité qui la faisait accepter comme le résultat
du travail individuel ? Est-ce que les peines les plus
fortes ont jamais empêché ceux qui — sans s'inquiéter si elle est légitime ou non — veulent vivre
aux dépens des autres, d'y porter atteinte ? — Que
serait-ce donc si les individus raisonnant leur mi-

sère, en découvrant les causes dans la propriété,
avaient le caractère porté au mal autant qu'on veut
bien le dire : la société ne durerait pas une minute
de plus, ce serait alors « la lutte pour l'existence »
dans sa plus féroce expression, ce serait le retour
à la pure barbarie. C'est précisément parce que
l'homme avait des tendances vers le « mieux » qu'il
s'est laissé dominer, asservir, tromper, exploiter, et
qu'il répugne encore aux moyens violents pour s'affranchir définitivement.

———

Cette affirmation que l'homme est mal fait, et
qu'il n'y a pas de changement à espérer, veut dire,
si on l'analyse : « L'homme est mauvais, la société
est mal faite, il n'y a rien à espérer de l'un ni de
l'autre. A quoi bon perdre son temps à chercher
une perfection que l'humanité ne peut atteindre,
faisons notre trouée comme nous le pourrons.

« Si la somme de jouissances que nous acquerrons
est faite des larmes et du sang des victimes dont
nous aurons semé notre route, que nous importe?
Il faut écraser les autres pour ne pas être écrasé
soi-même. Tant pis pour ceux qui tombent. »

Eh bien ! que messieurs les privilégiés qui sont
arrivés à étayer leur domination, à endormir les
travailleurs, à les transformer en défenseurs de
leurs privilèges, en leur promettant d'abord une
vie meilleure..... dans l'autre monde ; puis, quand
on eut cessé de croire en Dieu, en leur prêchant la

morale, le patriotisme, l'utilité sociale, etc.; aujourd'hui en leur faisant espérer par le suffrage universel une multitude de réformes et d'améliorations impossible à effectuer; — car on ne peut empêcher les maux qui découlent de l'essence même de l'organisation sociale, tant que l'on ne s'attaquera qu'aux effets, sans rencontrer une cause, tant que l'on ne transformera pas la société elle-même. — Donc, que messieurs les exploiteurs du pauvre proclament le pur droit de la force et nous verrons ce que durera leur domination. A la force, la force répondra !

Quand l'homme commença à se grouper avec ses semblables, il devait être encore un animal plutôt qu'un homme, les idées de morale, de justice n'existaient pas encore chez lui. Ayant à lutter contre les autres animaux, contre la nature entière, les premiers groupements durent se former par la nécessité même d'une association de forces et non par besoin de la solidarité. Nul doute, comme nous l'avons déjà dit, que ces associations ne furent que temporaires à leur début, limitées à la capture du gibier poursuivi, au renversement de l'obstacle à vaincre, plus tard au refoulement ou à la mort de l'assaillant.

Ce n'est qu'en pratiquant ainsi l'association que les hommes furent amenés à en comprendre l'importance, et les sociétés ainsi formées se survécurent et finirent par devenir permanentes.

Mais, d'un autre côté, cette existence de luttes continuelles ne pouvait que développer, chez les individus, l'instinct sanguinaire et despotique ; les plus faibles durent subir la domination des plus forts, quand ils ne leur servirent pas de nourriture. Ce ne dut être que bien plus tard que la ruse s'imposa à l'égal de la force.

Quand on étudie l'homme à ses débuts, on doit convenir qu'il était alors un assez méchant animal ; mais puisqu'il est arrivé au développement de l'heure présente et qu'il a pu acquérir des notions d'idées qui lui manquaient jadis, quelle raison y a-t-il pour qu'il s'arrête et n'aille pas plus loin ? Vouloir nier que l'homme puisse progresser encore est aussi faux que si on avait affirmé, alors qu'il habitait les cavernes et n'avait qu'un bâton ou une arme de pierre pour tout moyen de défense, qu'il ne deviendrait pas un jour capable de construire les cités opulentes d'aujourd'hui, d'utiliser l'électricité et la vapeur. Pourquoi, l'homme qui est arrivé à diriger dans le sens de ses besoins la sélection des animaux domestiques, n'arriverait-il pas à diriger la sienne dans le sens du Beau et du Bien, dont il commence à avoir des notions ?

Peu à peu, l'homme a évolué, et il évolue tous les jours. Ses idées se modifient sans cesse. La force physique, si elle en impose parfois, n'est plus

3.

admirée au même degré. Les idées de morale, de justice, de solidarité se sont développées, elles ont assez de force pour que les privilégiés, pour réussir à se maintenir dans leurs privilèges, aient besoin de faire croire aux individus qu'on les exploite et qu'on les bâillonne dans leur intérêt.

Cette tromperie ne peut durer. On commence à se sentir trop à l'étroit dans cette société mal équilibrée ; les aspirations qui, depuis des siècles, ont commencé à se faire jour, d'abord isolées, incomplètes, commencent à prendre corps aujourd'hui ; elles se retrouvent jusque chez ceux que l'on pourrait classer parmi les privilégiés de l'organisation actuelle. Il n'y a pas un seul individu qui n'ait eu, à ses heures, son cri de révolte ou d'indignation contre cette société, encore gouvernée par des morts, qui semble avoir pris à tâche de nous froisser dans tous nos sentiments, dans tous nos actes, dans toutes nos aspirations et dont on souffre davantage à mesure que l'on se développe. Les idées de liberté et de justice se précisent ; ceux qui les proclament sont minorité encore, mais minorité assez forte pour que les possédants s'en inquiètent et prennent peur.

Donc, comme tous les autres animaux, l'homme n'est que le produit d'une évolution qui s'accomplit sous l'influence du milieu dans lequel il vit, et des conditions d'existence qu'il est forcé de subir ou de combattre ; seulement, de plus que les autres ani-

maux, ou tout au moins à un plus haut degré, il
est arrivé à savoir raisonner sur son origine, à formuler des aspirations sur son avenir, il dépend de
lui de conjurer cette fatalité du mal que l'on prétend attachée à son existence. En arrivant à se
créer d'autres conditions de vie, il arrivera à se
modifier lui-même.

Du reste, sans aller plus loin, la question se ré-
sume ainsi : « Bon ou mauvais, chaque individu
a-t-il le droit de vivre à sa guise, de se révolter si
on l'exploite ou si on veut l'astreindre à des conditions d'existence qui lui répugnent ? Ceux qui sont
au pouvoir, et les privilégiés de la fortune, se prétendent les meilleurs, mais il suffirait que les mauvais leur fissent faire la culbute, s'installassent à
leur place pour intervertir les rôles, et avoir tout
autant de raison que les premiers pour être les
bons.

Le système de la Propriété individuelle, en mettant toute la richesse sociale entre les mains de
quelques-uns, a permis à ceux-ci de vivre en parasites aux dépens de la masse qu'ils ont asservie, et
dont la production ne sert qu'à entretenir leur faste
et leur fainéantise ou à défendre leurs intérêts.
Cette situation reconnue injuste par ceux qui la
subissent ne peut durer. Les travailleurs réclame-
ront la libre jouissance de ce qu'ils produisent et se
révolteront si on continue à la leur refuser ; la bour-

geoisie aurait beau se retrancher derrière cette argumentation que l'homme est mauvais, la révolution se fera. Et alors, ou bien l'homme est réellement imperfectible — nous venons de voir le contraire — alors ce sera la guerre des appétits, et, quels que soient les leurs, les bourgeois seront vaincus d'avance, car ils sont la minorité! Ou bien l'homme est mauvais parce que les institutions contribuent à le faire tel, et il peut alors s'élever à un état social qui contribuera à son développement moral, intellectuel et physique ; il saura transformer la Société de manière à en rendre tous les intérêts solidaires. Mais, quoi qu'il en soit, la Révolution se fera! Le sphinx nous interroge et nous répondons sans crainte ; car nous, anarchistes, destructeurs des lois et de la propriété, nous savons quel est le mot de l'énigme.

V

LA PROPRIÉTÉ

Avant d'aller plus loin dans l'exposé de nos idées, il est bon de passer en revue les institutions que nous voulons détruire, de reconnaître sur quelles bases repose la société bourgeoise, la valeur positive de ces bases, pourquoi et comment la société n'est transformable qu'à condition de changer l'organisation entière ; pourquoi aucune amélioration ne sera possible tant que cette transformation ne sera pas accomplie, et de cette étude découleront les raisons qui font que nous sommes anarchistes et révolutionnaires.

La défense de la Propriété individuelle et sa transmission dans les mêmes familles, voilà sur quel principe repose la société actuelle. Autorité, famille, magistrature, armée et toute l'organisation hiérar-

chique et bureaucratique, qui nous gruge et nous
étouffe, découlent de ce principe. Il y a aussi la
religion, mais nous la laissons de côté, la science —
même bourgeoise — l'a tuée. — Laissons reposer
les morts.

Nous ne voulons pas refaire non plus l'historique
de la Propriété. Il a été fait et refait par toutes les
écoles socialistes ; toutes ont démontré qu'elle n'était
que le produit du vol, de la fraude et du droit de la
force ; nous n'avons donc ici qu'à relever quelques
faits qui en démontrent l'iniquité, qui font voir que
les maux dont on souffre en découlent, que les réformes proposées ne sont que des leurres pour endormir les exploités, et que, pour empêcher les maux
que l'on veut guérir, il faut s'attaquer à la source
principale, à l'organisation propriétaire et capitaliste.

La science, aujourd'hui, nous démontre que la
terre doit son origine à un noyau de matières cos-
miques qui s'est primitivement détaché de la nébu-
leuse solaire. Ce noyau, par l'effet de la rotation sur
lui-même et autour de l'astre central, s'est condensé
au point que la compression des gaz en a amené la
conflagration et que ce globe, fils du soleil, a dû,
comme celui qui lui avait donné naissance, briller
de sa lumière propre dans la voie lactée, comme
une toute petite étoile. Le globe s'est refroidi, ayant
passé de l'état gazeux à l'état liquide, pâteux, puis

de plus en plus dense, jusqu'à sa solidification complète. Mais, dans cette fournaise primitive, l'association des différents gaz s'était faite de façon que leurs combinaisons différentes, avaient donné naissance aux matériaux fondamentaux qui forment la composition de la terre : minéraux, métaux, gaz restés libres, en suspension dans l'atmosphère.

Le refroidissement s'opérant peu à peu, l'action de l'eau et de l'atmosphère sur les minéraux a aidé à former une couche de terre végétale ; pendant ce temps, l'association de l'hydrogène, de l'oxygène, du carbone et de l'azote, arrivait à donner, au sein des eaux, naissance à une façon de gelée organique sans forme définie, sans organe, sans conscience, mais déjà douée de la faculté de se déplacer en poussant des prolongements de sa masse du côté où elle voulait aller, ou, plutôt, du côté où l'attraction se faisait sentir sur elle, et de cette autre faculté de s'assimiler les corps étrangers qui se prenaient dans sa masse, et de s'en nourrir. Enfin, dernière faculté : arrivée à un certain degré de développement, de pouvoir se scinder en deux et donner naissance à un nouvel organisme en tout semblable à son progéniteur.

———

Voilà les débuts modestes de l'humanité ! si modestes que ce n'est que bien plus tard, après une longue période d'évolutions, après la formation d'un certain nombre de types dans la chaîne des êtres que l'on arrive à distinguer l'animal du végétal !

Suivre toute la série pour arriver à l'homme serait refaire ici l'histoire de l'évolution, que la science actuelle explique d'une façon si claire et si compréhensible pour ceux qui veulent juger sans parti-pris, nous ne pouvons qu'y renvoyer le lecteur en nous contentant de ne prendre ici que les faits principaux pour appuyer notre démonstration sur l'accaparement arbitraire d'une partie du sol par une certaine partie d'individus qui s'en emparèrent à leur profit et à celui de leur descendance, au détriment d'autres moins favorisés et des générations futures.

Il est de toute évidence que cette explication de l'apparition de l'homme sur la terre détruit tout le merveilleux raconté sur sa création. Plus de Dieu, ni d'entité créatrice, l'homme n'est que le produit d'une évolution de la vie terrestre qui, elle-même, n'est que le produit d'une combinaison de gaz, ayant eux-mêmes subi une évolution, avant que d'arriver à pouvoir se combiner, dans les proportions et avec la densité nécessaires, à l'éclosion du phénomène vital.

———

La thèse de l'origine surnaturelle de l'homme étant écartée, l'idée que la société, telle qu'elle existe, avec sa division de riches et de pauvres, de gouvernants et de gouvernés, découle d'une volonté divine, ne tient pas non plus debout. L'autorité, qui s'est appuyée si longtemps sur son origine supra-

naturelle, fable qui a contribué — au moins tout
autant que la force brutale — à la maintenir, s'est
effritée à son tour sous la discussion et menace
ruine ; aujourd'hui elle se retranche derrière le suffrage universel et la loi des majorités. Mais l'autorité ne pouvait se maintenir que tant qu'elle n'était
pas discutée. Nous verrons plus loin qu'elle n'a plus
que la force pour se maintenir. Aussi, pouvons-nous
dire que la propriété et l'autorité, étant mises en
discussion, sont en voie d'agoniser ; car, ce qui se
discute n'est plus guère respecté, ce que la force
seule soutient, la force peut le détruire.

———

Le végétal se nourrit aux dépens du minéral et
de l'atmosphère, l'animal aux dépens du végétal et,
bien plus tard, aux dépens de l'animal lui-même,
mais il n'y a pas là d'idées préconçues, — en vue
d'établir une hiérarchie quelconque entre les êtres
— de la part d'un Créateur ou de la Nature-entité,
qui auraient créé le végétal pour servir de nourriture
à l'animal, l'animal et le végétal pour nourrir l'homme
et des serviteurs dans la race humaine pour créer
des jouissances aux élus. Il n'y eut qu'une suite
évolutive de lois naturelles qui firent que la condensation des gaz ayant formé des minéraux, il n'y eut
que la vie végétative qui put s'assimiler le minéral
et le transformer en combinaison organique pouvant
faciliter l'éclosion de la vie animale.

L'origine évolutive de l'homme étant admise,

il devient évident pour tous que, lorsque les premiers
êtres pensants parurent sur la terre, il n'y eut pas,
davantage, besoin de providence tutélaire pour
faciliter son éclosion et, par conséquent, personne
pour assigner aux uns un pouvoir directeur sur
leurs semblables, à d'autres la propriété du sol, à la
grande masse la misère et les privations, le respect
de leurs maîtres, avec la seule fonction de produire
pour eux.

Seulement, la « lutte pour l'existence » ayant
commencé par être la seule loi vitale pour les
individus, manger pour ne pas être mangé fut
leur seule préoccupation ; mais lorsqu'ils commencèrent à pratiquer inconsciemment cette autre loi
vitale, plus élevée, l'assistance pour la lutte, l'hérédité ayant développé, chez eux, les instincts de
combativité, d'oppression sur la proie et tout,
pour l'homme étant une proie — jusqu'à l'homme
lui-même, — il ressort de toute évidence que cet
esprit de lutte et de domination emmagasiné dans
le cerveau par les générations passées, chercha à
s'imposer dans la collectivité formée. Les individus
qui l'avaient au plus haut degré s'imposèrent à ceux
qui l'avaient à un degré moindre. Cette autorité
établie suivit les fluctuations de l'intelligence humaine et les transformations de l'organisation
sociale s'opérèrent selon que ce fut la force,
l'esprit religieux ou le mercantilisme qui triom-
phèrent. L'autorité, sous ces divers modes d'in-

fluence, s'est donc maintenue jusqu'à nos jours et
se maintiendra, jusqu'à ce que l'homme, débarrassé
de l'erreur et de tous préjugés, se reconquierre
lui-même entièrement, renonçant à imposer sa
volonté pour ne pas avoir à subir celle d'autres
plus forts.

———

Mais l'origine divine de l'autorité et de la propriété étant mise à néant par la science bourgeoise
elle-même, les bourgeois ont cherché à lui donner
des bases plus solides et plus naturelles, les économistes sont venus prendre les faits sociaux, découlant d'une mauvaise organisation, et les érigeant en
« lois naturelles », les faisant la cause de ce qui est,
quand ils n'en sont que les effets, décorant ces
inepties du nom de science, ils ont prétendu légitimer les crimes les plus monstrueux de la société,
les pirateries les plus énormes du capitalisme,
rejetant les causes de la misère sur la faute des misérables eux-mêmes, érigeant, comme loi de conservation sociale, l'égoïsme le plus monstrueux
quand, au contraire, nous l'avons vu dans un des
chapitres précédents, il n'est qu'une cause de conflit,
de déperdition de forces et de régression, s'il n'est
tempéré et adouci par cette autre loi, plus évolutive
et plus humaine : la solidarité.

———

La société bourgeoise étant fondée sur le capital
et celui-ci étant représenté par l'argent, afin de mas-

quer le rôle exceptionnel qu'il joue dans les travaux
de production et d'échange, les économistes bourgeois ont tout réduit à l'état de capital. L'homme qui
féconde sa femme et engendre des enfants dépense
du capital, mais il en crée aussi, car l'enfant, devenu homme, sera un capital ! la force musculaire
que l'ouvrier dépensera à la production : capital !
Notons en passant qu'en dehors de leurs bras, les
ouvriers apportent, dans n'importe quel travail,
une somme d'intelligence souvent supérieure à celle
de l'entrepreneur, mais comme il faudrait alors
compter deux parts de capital pour l'ouvrier et que
cela gênerait les économistes dans leurs calculs,
ils le passent sous silence.

Mais, comme toute cette réduction de l'activité
humaine en capitaux n'explique pas l'origine du
capital-argent, les économistes ont trouvé ceci :
« C'est la part de travail que les individus indus-
trieux, prévoyants, n'ont pas consommée de suite,
et qu'ils ont mise en réserve pour des besoins
futurs » ! Or c'est ici que le calcul devient intéres-
sant.

———

Tout capital, mis en œuvre, affirment doctorale-
ment les économistes, doit produire : 1° une somme
égale à sa valeur afin de pouvoir se reconstituer
complètement, 2° comme ce capital engagé court
des risques, il doit produire une plus-value qui re-

présente une prime d'assurance qui doit le couvrir
desdits risques.

Or, l'ouvrier qui est payé au fur et à mesure des
travaux, qui, par conséquent, ne court aucun risque,
a droit seulement à la première somme lui permettant de reconstituer son capital dépensé, c'est-à-
dire, se nourrir, s'habiller, se loger, réparer enfin
les forces qu'il a perdues. Il ne doit faire d'enfants
qu'autant que l'excédent de son salaire lui permet
de les élever.

Mais le patron, oh! lui, c'est bien différent. Il
apporte d'abord un premier capital, l'argent nécessaire à payer les ouvriers, solder les achats, et qui
représente les jouissances dont il s'est privé. Ce
capital, comme celui de l'ouvrier, doit rapporter de
quoi se reconstituer, mais en outre la prime d'assurance des risques qu'il court, ce qui constitue le
bénéfice de l'exploiteur, 2° si c'est une entreprise
industrielle, il y a des bâtiments, des machines
d'engagés, encore un capital qui doit se reproduire
et rapporter sa prime d'assurance ; mais ce n'est pas
tout! Et l'intelligence de l'exploiteur qui est un
capital aussi, et pas le moindre! Il faut qu'un capitaliste sache faire un emploi judicieux de ses capitaux, qu'il sache gouverner son affaire et lui-même,
— ce que, généralement, l'ouvrier ne sait pas faire
— il doit s'enquérir des produits qu'il est avanta-
geux de produire, à quel endroit ils sont deman-
dés, etc., etc. Il faut que ce troisième capital trouve

à se récupérer dans l'entreprise. Notez que si l'entrepreneur est ingénieur, savant, médecin, la prime doit être bien plus forte, car, coûtant plus cher à établir, ils coûtent, par ce fait, bien plus cher à réparer.

———

Cette distinction subtile établie, transformant en capitaux les divers éléments qui prennent part à la production, la répartition semble normale, le capitaliste empoche trois parts de produits pour son compte et le tour est joué. L'ouvrier a reçu son compte, de quoi se plaindrait-il ? Qu'il économise aussi, lui, il mettra ses économies dans les entreprises et il touchera triple part. Qu'il sache se priver s'il veut arriver à quelque chose ! qu'il ne dépense pas follement son argent dans les cabarets ! qu'il ne fasse pas tant d'enfants ! La lutte est dure, il faut savoir réduire ses jouissances si on veut pouvoir les augmenter par la suite !... Tas de Jean-foutre !

Messieurs les économistes, qui nous parlent de l'intelligence plus grande des capitalistes, oseraient-ils bien nous affirmer que ceux qui, dans les coups de bourse, les tripotages et les accaparements, raflent des millions, ont dépensé une intelligence un million de fois supérieure, nous ne dirons à celle de l'ouvrier qui peut passer pour artiste dans son métier, mais même de l'ouvrier le plus humble, dans le métier le plus vulgaire ?

Prenez un ouvrier, en le supposant des plus favorisés, gagnant, — relativement aux moins favorisés — de bonnes journées, n'ayant jamais de chômages, jamais de maladies. Cet ouvrier pourra-t-il vivre de la vie large qui devrait être assurée à tous ceux qui produisent, satisfaire tous ses besoins physiques et intellectuels, tout en travaillant? — Allons donc, ce n'est pas la centième partie de ses besoins qu'il pourra satisfaire, les aurait-il des plus bornés; il faudra qu'il les réduise encore s'il veut économiser quelques sous pour ses vieux jours. Et, quelle que soit sa parcimonie, il n'arrivera jamais à économiser assez pour vivre à ne rien faire. Les économies faites dans la période productive arriveront à peine à compenser le déficit qu'amène la vieillesse, s'il ne lui survient des héritages ou toute autre aubaine qui n'a rien à voir avec le travail.

Pour un de ces travailleurs privilégiés, combien de misérables qui n'ont pas de quoi manger à leur faim! Les développements de l'outillage mécanique ont permis aux exploiteurs de réduire leur personnel, les sans-travail devenus plus nombreux ont fait diminuer les salaires, multiplier les chômages, les maladies viennent les réduire encore, de sorte que l'ouvrier aisé tend, de plus en plus, à devenir un mythe, et qu'au lieu d'espérer de sortir de sa misère, le travailleur, si la société bourgeoise dure encore longtemps, doit s'attendre à s'y enfoncer davantage.

Maintenant, supposons que le travailleur aisé, au lieu de continuer à placer ses économies en valeurs quelconques, se mette, quand il a réuni une certaine somme, à travailler à son compte. Ceci devient encore de plus en plus impossible, grâce à l'outillage mécanique qui exige la concentration d'énormes capitaux et ne laisse plus de place à l'industriel isolé ; mais nous pouvons admettre sa possibilité et nous supposons que cet ouvrier-patron travaille seul. Si les données de l'économie politique sont vraies, que chaque faculté de l'homme soit un capital engagé et qu'il produise la fortune pour celui qui le met en œuvre, voilà un individu qui apporte le capital-argent, le capital-force, le capital-intelligence ; n'ayant à partager avec personne, il ne va pas tarder à voir décupler son capital-argent entre ses mains et devenir millionnaire à son tour ?

Dans la pratique, l'ouvrier qui travaille seul, à son compte, n'existe presque pas ; le petit patron, avec deux ou trois ouvriers, vit peut-être un tantinet mieux que ceux qu'il emploie, mais il doit travailler tout autant, sinon plus, talonné sans cesse par les échéances ; il ne doit s'attendre à aucune amélioration, bien heureux s'il arrive à se maintenir dans son bien-être relatif et à éviter la faillite.

Les gros bénéfices, les grosses fortunes, la vie à

grandes guides, sont réservés aux gros propriétaires, aux gros actionnaires, aux gros usiniers, aux gros spéculateurs, qui ne travaillent pas eux-mêmes, mais occupent les ouvriers par centaines. Ce qui prouve que le capital est bien du travail accumulé, mais le travail des autres accumulé dans les mains d'un seul, d'un voleur.

Du reste, la meilleure preuve qu'il y a un vice fondamental dans l'organisation sociale, c'est que l'outillage mécanique, qui est un progrès engendré par toutes les connaissances acquises, transmises de génération en génération, et qui, par conséquent, devrait bénéficier à tous les êtres humains, en leur rendant la vie plus large et plus facile, par le fait qu'elle augmente leur force de production et leur donne le moyen de produire beaucoup plus, tout en travaillant moins longtemps ; l'outillage mécanique n'apporte aux travailleurs qu'un surcroît de misère et de privations. Les capitalistes sont les seuls à bénéficier des avantages des inventions mécaniques qui leur permettent de réduire leur personnel, et, à l'aide de cet antagonisme établi, le chômage entre le personnel inoccupé et le personnel occupé, ils en profitent pour diminuer le salaire du dernier, la misère poussant le premier à accepter le prix offert, fût-il inférieur à la somme nécessaire à leur conservation et à leur reproduction, ce qui prouve que les prétendues lois naturelles se trouvent violées par leur propre fonctionnement ; que,

4

par conséquent, si elles sont des lois, elles sont loin d'être naturelles.

———

D'autre part, il est une chose certaine, c'est que les capitalistes, avec tous leurs capitaux, tout leur outillage mécanique, ne pourraient absolument rien produire s'ils n'avaient le concours des travailleurs — tandis que ces derniers, en s'entendant entre eux et en solidarisant leurs forces, pourraient fort bien produire sans le concours des capitaux. Mais passons, la conclusion que nous voulons en tirer est celle-ci : du moment que les capitalistes ne peuvent mettre leurs capitaux en œuvre sans le concours du travailleur, c'est que ce dernier est le facteur le plus important dans la production, et que, en toute logique, c'est à lui que devrait revenir la meilleure part du produit. Or, comment se fait-il que, au contraire, ce soient les capitalistes qui absorbent la meilleure part du produit ; moins ils produisent, plus ils jouissent ? Que plus les travailleurs produisent, plus ils accumulent les chances de chômage et ont alors moins de chances de consommer? Comment se fait-il que plus les magasins regorgent de produits, plus les producteurs crèvent de faim, et que ce qui devrait être une source de richesse et de jouissance générales, devient une source de misère pour ceux qui ont produit?

———

De tout ceci, il ressort clairement que la propriété individuelle n'est accessible qu'à ceux qui exploitent leurs semblables. L'histoire de l'Humanité nous démontre que cette forme de la propriété n'a pas été celle des premières associations humaines, que ce n'est que très tard dans leur évolution, quand la famille a commencé à se dégager de la promiscuité, que la propriété individuelle a commencé à se montrer, dans la propriété commune au clan, à la tribu.

Ceci ne prouverait rien contre sa légitimité, si cette appropriation avait pu s'opérer d'une façon autre qu'arbitrairement; c'est seulement pour démontrer aux bourgeois qui ont voulu faire un argument en sa faveur en prétendant que la propriété a toujours été ce qu'elle est aujourd'hui, que cet argument n'a pas davantage de valeur à nos yeux.

Du reste, eux qui déclament tant contre les anarchistes qui se réclament de la force pour les déposséder, est-ce qu'ils y mirent tant de formes pour déposséder la noblesse en 89 et frustrer les paysans qui s'étaient mis à l'œuvre en pendant les hobereaux, détruisant les chartriers, s'emparant des biens seigneuriaux ?

Est-ce que les confiscations et les ventes, fictives ou à prix dérisoires, qu'ils en firent, n'eurent pas pour but de dépouiller les possesseurs d'alors et les paysans qui en espéraient leur part pour les accaparer à leur profit? N'usèrent-ils pas du simple droit de la force qu'ils masquèrent et sanctionnèrent par des comédies légales? Cette spoliation ne fut-elle pas plus inique? — en admettant que celle que nous réclamons le soit, ce qui n'est pas — vu qu'elle ne fut pas faite au profit de la collectivité, mais contribua seulement à enrichir quelques trafiquants, qui se dépêchèrent de faire la guerre aux paysans — qui s'étaient rués à l'assaut des châteaux — en les fusillant et les traitant de brigands.

Les bourgeois sont donc mal venus de crier au vol lorsqu'on veut les forcer à restituer, car leur propriété n'est, elle-même, que le fruit d'un vol.

VI

LA FAMILLE

La propriété, la famille, l'autorité, se sont développées parallèlement, cela ne fait aucun doute. Étant donné que les hommes unirent leurs efforts sous la pression d'un besoin commun, d'un obstacle à abattre où s'épuisaient en vain les efforts individuels, il coule de source que les profits, résultant de ce concours de forces, furent partagés en commun. Ces associations étant temporaires, bornées au résultat immédiat à obtenir, nul doute aussi que le premier groupement humain dut être, comme il en est encore chez certains mammifères, chez certains anthropoïdes, le noyau familial, c'est-à-dire le groupement de la ou de quelques femelles, et des jeunes autour du mâle le plus fort qui, pour conserver son

4.

autorité, expulsait de la horde les jeunes mâles devenus en âge de lui porter ombrage.

Mais, cette autorité du mâle fut-elle complète et s'imposa-t-elle dans tous les groupements dès leurs débuts, voilà ce qu'il serait téméraire de préjuger, car, si nous trouvons chez les sauvages des exemples où l'association, étant devenue plus nombreuse, s'étant formée du groupement de plusieurs noyaux familiaux, l'autorité du mâle s'est imposée ; par nombre d'autres exemples très probants, par nombre de coutumes, telles que la « couvade » (1), il semble résulter que l'autorité de la mère sur la progéniture fut la première reconnue.

Il existe des peuplades où les enfants font partie de la tribu de la mère ; d'autres où l'autorité du mâle est déjà reconnue, mais où ce sont les enfants de sa sœur qui héritent de ses biens, à l'exclusion de ses enfants propres ; ce qui établirait une transition entre l'autorité maternelle et l'autorité paternelle. Autre caractère transitoire, cette habitude de la couvade où lorsque la femme accouche, c'est l'homme qui se met au lit, avale des drogues et reçoit des congratulations sur sa délivrance. Ici, on

(1) Nous ne citerons pas ici tous les faits en question, n'ayant que l'intention d'en faire un résumé, et voulant plus particulièrement expliquer comment nous entendons la famille de l'avenir. Que les lecteurs qui voudraient étudier la question plus à fond, se reportent aux ouvrages de Letourneau : *Sociologie, Évolution de la famille,* et celui de Élie Reclus : *Les Primitifs,* où ils trouveront aussi l'indication des sources où ces auteurs ont puisé.

sent que l'homme, pour affirmer son autorité sur sa progéniture, a besoin de faits pour prouver sa paternité. Il n'en aurait pas besoin, si elle ne lui était pas contestée par des coutumes antérieures, qui ont pu disparaître, mais dont le souvenir se perpétue par la pratique des coutumes réactives qu'elles ont suscitées.

Et l'union entre l'homme et la femme, combien de fois n'a-t-elle pas varié? Au début, dès les tout commencements de l'humanité, il n'y a aucune forme de mariage, la promiscuité la plus complète règne entre les sexes, l'homme s'accouple avec la première femelle venue, celle-ci accepte ou subit les caresses de tous les mâles qui la prennent.

L'homme se développant et devenant un peu moins grossier, une très grande promiscuité règne encore, mais on commence à distinguer un premier degré de parenté. On n'a pas encore appris à discerner bien distinctement les termes de père, mère, frère, sœur; mais les unions sont défendues entre tribus portant le même totem, ayant la même origine commune ; mais les femmes continueront à appartenir à tous les hommes, ceux-ci à toutes les femmes du clan.

Plus tard, le mâle ayant été reconnu le chef de la famille, celle-ci commencera bien à reconnaître quelques degrés dans la parenté et la filiation, mais les mariages continueront à se faire entre frères et sœurs, le fils héritera sans scrupule aucun du harem de son père, il faudra faire encore un pas de plus dans l'évolution pour que la mère de l'héritier ne soit pas comprise dans l'héritage.

Notons encore que, s'il y a des peuples où un seul homme peut posséder plusieurs femmes, par contre, il existe des peuplades où les femmes possèdent plusieurs hommes.

Mais ces progrès, ces changements de coutumes ne se font pas logiquement les uns après les autres, s'éliminant mutuellement au fur et à mesure qu'en apparaît un plus compliqué. Ces coutumes se fondent les unes dans les autres, s'amalgament, s'enchevêtrent de façon à ne plus pouvoir s'y reconnaître. Leurs combinaisons sont multiples, les coutumes se superposent, en éliminant une ici, une autre ailleurs, ce n'est que par l'étude des observations des voyageurs passés, des peuplades encore existantes que nous arrivons à nous faire une idée approximative de l'évolution humaine.

De tout ceci, il résulte donc que la propriété a reposé sur d'autres bases que celles où elle s'appuie aujourd'hui, a eu une autre division et ne doit sa destination actuelle qu'à la force, la ruse et le vol; car il est bien évident que la famille ayant débuté par être une association commune, il ne pouvait y exister de propriété individuelle, et que, par conséquent, ce qui, primitivement, a appartenu à tous,

n'a pu devenir la propriété de quelques-uns que
par des moyens de spoliation quelconque.

La famille, également, a été tout autre que ce
qu'elle est actuellement. Et les bourgeois qui prétendent que ces deux institutions reposent sur des
bases inattaquables et inamovibles ne savent ce
qu'ils disent, vu qu'il n'y a pas de raison pour que
ce qui a évolué n'évolue pas encore. Leur affirmation ne prouverait qu'une chose, c'est que ces deux
institutions, si elles ne devaient plus progresser, seraient bien près de leur décadence; car c'est une
loi de la vie que ce qui ne marche plus, périt, se
désagrège, pour donner naissance à d'autres organismes ayant une période d'évolution à parcourir.

———

Et la vérité de cet axiome est tellement évidente
que les bourgeois ont été forcés de le reconnaître en
ajoutant, comme correctif au mariage, qu'ils voulaient maintenir indissoluble, le divorce, qui n'est
applicable qu'à des cas spéciaux, que l'on n'obtient
qu'au moyen de procès, de démarches sans nombre
et en dépensant beaucoup d'argent, mais n'en est
pas moins un argument contre la stabilité de la famille puisque, après l'avoir repoussé si longtemps
on l'a enfin reconnu nécessaire, et qu'il vient fortement ébranler la famille en brisant le mariage qui
en est la sanction.

Quel plus bel aveu en faveur de l'union libre
pourrait-on demander? Ne devient-il pas bien évi-

dent qu'il est inutile de sceller par une cérémonie
ce qu'une autre cérémonie peut défaire ? Pourquoi
faire consacrer par un bonhomme sanglé d'une
sous-ventrière l'union que trois autres bonshommes
en jupes et en toques pourront déclarer nulle et
non avenue ?

———

Donc, les anarchistes repoussent l'organisation
du mariage. Ils disent que deux êtres qui s'aiment
n'ont pas besoin de la permission d'un troisième
pour coucher ensemble ; du moment que leur volonté les y porte, la société n'a rien à y voir, et encore moins à intervenir.

Les anarchistes disent encore ceci : Par le fait
qu'ils se sont donnés l'un à l'autre, l'union de
l'homme et de la femme n'est pas indissoluble, ils
ne sont pas condamnés à finir leurs jours ensemble,
s'ils deviennent antipathiques l'un à l'autre. Ce que
leur libre volonté a formé, leur libre volonté peut
le défaire.

Sous l'empire de la passion, sous la pression du
désir, ils n'ont vu que leurs qualités, ils ont fermé
les yeux sur leurs défauts, ils se sont unis, et voilà
que la vie commune efface les qualités, fait ressortir les défauts, accuse des angles qu'ils ne savent ar-
rondir ; faudra-t-il que ces deux êtres, parce qu'ils
se seront illusionnés dans un moment d'efferves-
cence, paient de toute une vie de souffrance l'erreur d'un moment qui leur a fait prendre pour une

passion profonde et éternelle ce qui n'était que le résultat d'une surexcitation des sens ?

Allons donc ! il est temps de revenir à des notions plus saines. Est-ce que l'amour de l'homme et de la femme n'a pas été toujours plus fort que toutes les lois, toutes les pruderies, toutes les réprobations que l'on a voulu attacher à l'accomplissement de l'acte sexuel ?

Est-ce que malgré la réprobation que l'on a jetée sur la femme qui trompait son mari, — nous ne parlons pas de l'homme qui a toujours su se faire la part large dans les mœurs — malgré le rôle de paria réservé dans nos sociétés pudibondes à la fille-mère ; est-ce que cela a empêché un seul moment les femmes de faire leur mari cocu, les filles de se donner à celui qui leur avait plu ou avait su profiter du moment où les sens parlaient plus fort que la raison ?

L'histoire, la littérature, ne parlent que d'hommes ou de femmes cocufiés, de filles séduites. Le besoin génésique est le premier moteur de l'homme ; on se cache, mais on cède à sa pression.

Pour quelques esprits passionnés, faibles et timorés qui se suicident avec l'être aimé, parfois n'osant rompre avec les préjugés, n'ayant pas la force morale de lutter contre les obstacles que leur opposent les mœurs, et l'idiotie de parents imbéciles, innombrable est la foule de ceux qui se moquent des préjugés... en cachette. Cela a seulement contribué à nous rendre fourbes et hypocrites et voilà tout.

———

Pourquoi vouloir s'entêter à réglementer ce qui a échappé à de longs siècles d'oppression ? Reconnaissons donc, une bonne fois pour toutes, que les sentiments de l'homme échappent à toute réglementation et qu'il faut la liberté la plus entière pour qu'ils puissent s'épanouir complètement et normalement. Soyons moins puritains, et nous serons plus francs, plus moraux.

L'homme propriétaire, voulant transmettre, à ses descendants, le fruit de ses rapines, la femme ayant été jusqu'ici considérée comme inférieure, et plutôt comme une propriété que comme un associé, il est évident que l'homme a façonné la famille en vue d'assurer sa suprématie sur la femme, et pour pouvoir, à sa mort, transmettre ses biens à ses descendants, il a fallu qu'il rendît la famille indissoluble. Basée sur les intérêts et non sur l'affection, il est évident qu'il fallait une force et une sanction pour l'empêcher de se désagréger, sous les chocs occasionnés par l'antagonisme des intérêts.

Or, les anarchistes, que l'on a accusés de vouloir détruire la famille, veulent justement détruire cet antagonisme, la baser sur l'affection pour la rendre plus durable. Ils n'ont jamais érigé en principe que l'homme et la femme à qui il plairait de finir leurs

jours ensemble, ne pourraient le faire sous prétexte
que l'on aurait rendu les unions libres. Ils n'ont
jamais dit que le père et la mère ne pourraient
élever leurs enfants, parce qu'ils demandent qu'on
respecte la liberté de ces derniers, qu'ils ne soient
plus considérés comme une chose, comme une
propriété par leurs ascendants.

Certainement ils veulent abolir la famille juri-
dique, ils veulent que l'homme et la femme soient
libres de se donner et de se reprendre quand il leur
fait plaisir. Ils ne veulent plus d'une loi stupide et
uniforme réglementant leurs rapports dans des
sentiments si complexes et si variés que ceux qui
procèdent de l'amour.

————

Si les sentiments de l'être humain sont portés
vers l'inconstance, si son amour ne peut se fixer
sur le même objet, comme le prétendent ceux qui
veulent réglementer les relations sexuelles, que
nous importe! que pouvons-nous y faire? Puisque
jusqu'à présent, la compression n'a pu rien empêcher, que nous donner des vices nouveaux, laissons
donc libre la nature humaine, laissons-la évoluer
où la portent ses tendances, ses aspirations. Elle
est, aujourd'hui, assez intelligente pour savoir
reconnaître ce qui lui est utile ou nuisible, pour
reconnaître, par l'expérience, dans quel sens elle
doit évoluer. La loi d'évolution fonctionnant librement, nous sommes certains que ce seront les plus

aptes, les mieux doués qui auront chance de survivre et de se reproduire.

La tendance humaine, au contraire, est-elle, comme nous le pensons, portée vers la monogamie, vers l'union durable de deux êtres qui, s'étant rencontrés, ayant appris à se connaitre et s'estimer, finissent par ne plus faire qu'un, tellement leur union devient intime et complète, tellement leurs volontés, leurs désirs, leurs pensées deviennent identiques, ceux-là auront encore bien moins besoin de lois pour les contraindre à vivre ensemble; est-ce que leur propre volonté ne sera pas le plus sûr garant de l'indissolubilité de leur union?

Quand l'homme et la femme ne se sentiront plus rivés l'un à l'autre, s'ils s'aiment vraiment, cet amour aura pour résultat de les amener, réciproquement, à chercher de mériter l'amour de l'être qu'ils auront choisi. Sentant que le compagnon ou la compagne que l'on aime peut s'envoler du nid du jour où il n'y trouverait plus la satisfaction qu'il avait rêvée, chaque individu mettra tout en œuvre pour se l'attacher complètement. Comme dans ces espèces d'oiseaux où, à la saison des amours, le male revêt un plumage nouveau et éclatant pour séduire la femelle dont il veut s'attirer les faveurs, les humains cultiveront les qualités morales qui doivent les faire aimer et rendre leur société agréable. Basées sur ces sentiments, les unions seront rendues indissolubles plus que ne pourraient le faire les lois les plus *féroces*, la compression la plus violente.

———

Nous n'avons pas fait la critique du mariage actuel qui équivaut à la prostitution la plus éhontée : Mariages d'affaires, où les sentiments affectifs n'ont rien à voir, mariages de convenance arrangés — dans les familles bourgeoises surtout — par les parents, sans consulter ceux que l'on unit ; mariages disproportionnés où l'on voit de vieux gâteux unir, grâce à leur argent, leur vieille carcasse, menaçant ruine, à la fraîcheur et à la beauté de toutes jeunes filles ; vieilles drôlesses achetant, à force d'écus, la complaisance de jeunes marloux payant, de leur peau et d'un peu de honte, la soif de s'enrichir. Cette critique a été faite et refaite, à quoi bon y revenir ? Il nous a suffi de démontrer que l'union sexuelle n'a pas toujours revêtu les mêmes formalités, qu'elle ne peut atteindre sa plus grande dignité qu'en se débarrassant de toute entrave. A quoi bon chercher autre chose (1).

(1) Ici devrait entrer logiquement l'explication de la façon dont nous entendons élever les enfants dans la société future, mais cette étude ayant été faite dans *La Société au lendemain de la Révolution*, nous y renvoyons le lecteur à l'article : *L'Enfant dans la Société nouvelle*.

VII

L'AUTORITÉ

La question de propriété est tellement mêlée à celle d'autorité que, en traitant de celle-là dans le chapitre spécial, nous n'avons pu faire autrement que de traiter de l'origine et de l'évolution de celle-ci. Nous n'y reviendrons donc pas et nous ne nous occuperons que de la période actuelle, de l'autorité que l'on prétend baser sur le suffrage universel, la loi des majorités.

Comme nous l'avons vu, l'origine divine de la propriété et de l'autorité étant sapée, les bourgeois ont dû leur chercher une nouvelle base plus solide. Ayant détruit eux-mêmes celle du droit divin, aidé à combattre celle du droit de la force, ils cherchèrent à y substituer celle de l'argent, en faisant nommer les chambres par le régime censitaire, c'est-à-dire par une certaine catégorie d'individus qui payaient les impôts plus élevés. Plus tard, il fut question d'y adjoindre les « capacités », c'étaient les bourgeois déclassés qui réclamaient.

Mais tout cela ne pouvait avoir longue durée. Du moment que l'autorité était mise en discussion, elle perdait de sa force, et ceux qui ne prenaient pas part au choix des maîtres, ne tardèrent pas à réclamer le droit de donner leur avis dans ce choix.

———

La bourgeoisie, qui redoutait le peuple, ne voulait faire aucune concession ; elle tenait le pouvoir, elle voulait le garder ; les travailleurs, pour avoir le suffrage universel, durent faire une révolution. Les bourgeois qu'ils portèrent au pouvoir s'empressèrent de leur chicaner ce droit acquis et de rogner les ongles à ce monstre qu'ils pensaient devoir les dévorer. Ce ne fut qu'à la longue, à force de le voir fonctionner qu'ils comprirent qu'il n'était pas dangereux pour leurs privilèges, que ce n'était qu'une guitare dont il fallait savoir jouer, et que cette fameuse arme de revendication que les travailleurs croyaient avoir acquise — ils l'avaient payée de leur sang — n'était qu'un instrument perfectionné de domination qui asservissait ceux qui s'en servaient alors qu'ils croyaient s'émanciper.

En effet, qu'est-ce que le suffrage universel, sinon le droit, pour les gouvernés, de choisir leur maître; le droit de choisir les verges qui doivent les fouet-

ter ? L'électeur est souverain..... pour choisir son
maître, mais il n'a pas le droit de ne pas en vouloir,
car celui que ses voisins auront choisi sera le sien.
Du moment où il a déposé son bulletin dans l'urne,
il a signé son abdication, il n'aura plus qu'à se plier
aux caprices des maîtres de son choix, ils feront les
lois, les lui appliqueront et le jetteront en prison
s'il regimbe.

———

Nous ne voulons pas faire ici, le procès du suffrage universel, ni examiner tous les correctifs,
tous les adjuvants que l'on a voulu y apporter pour
obvier aux fantaisies des élus, assurer la souveraineté de l'électeur, en lui donnant les moyens de
forcer l'élu à tenir ses promesses, cela nous entraî-
nerait trop loin, et n'a, du reste, aucune importance pour nous, puisque nous voulons démontrer
qu'il ne doit pas y avoir plus de lois des Majorités
que de Droit divin, que les individus ne doivent pas
être soumis à d'autre règle que celle de leur
volonté.

Et, même, en disséquant le fonctionnement du
suffrage universel, nous arriverons à démontrer que
ce n'est même pas la majorité qui gouverne, mais
une minorité très infime, sortie d'une autre minorité, qui n'est elle-même qu'une minorité choisie
dans la masse gouvernée.

———

Ce n'est qu'arbitrairement que les femmes et les enfants, qui subissent aussi les lois, sont exclus du droit de prendre part au vote. Si nous déduisons encore ceux qui, pour une raison ou une autre n'usent pas de ce « droit », nous nous trouvons en présence d'une première minorité reconnue, très arbitrairement, comme la seule apte à choisir des maîtres pour tous.

En deuxième lieu, le jour du vote, c'est la majorité qui, théoriquement, doit décider de l'élu de la circonscription ; mais, pratiquement, le choix des électeurs se répartissant sur six, huit, dix candidats et souvent plus — sans compter ceux des électeurs qui, ne trouvant pas, dans la foule des candidats, leur opinion représentée, votent contre leur idée — l'élu n'est donc, encore ici, que le produit d'une seconde minorité.

En troisième lieu, les élus une fois réunis, c'est encore la majorité qui, théoriquement toujours, doit décider parmi eux, mais là encore les opinions se divisant en groupes, sous-groupes innombrables, il s'ensuit, dans la pratique, que ce sont de petits groupes d'ambitieux qui, se tenant entre les partis extrêmes, décident du vote par l'apport de leurs voix à ceux qui leur offrent le plus d'avantages.

On voit, par le peu que nous venons de dire, que la prétendue souveraineté de l'électeur se borne à bien peu de choses, mais il faut noter que, pour ne pas embrouiller le lecteur, nous avons simplifié

notre critique et avons supposé que chacun agis-
sait correctement et logiquement. Mais, si nous
faisons entrer en ligne de compte les intrigues, les
tripotages, les calculs ambitieux, si nous faisons
remarquer, qu'avant d'être définitives, les lois doivent passer devant une autre assemblée : le Sénat
qui, lui, est nommé par une autre catégorie d'électeurs, si nous tenons compte que le pouvoir législatif se compose de cinq cents et quelques députés et
que chaque électeur n'en nomme qu'un, que sa
volonté, par conséquent, entre pour moins d'un cinq
centième dans la volonté générale, réduite encore
par le veto du Sénat, nous finirons par nous apercevoir que la souveraineté individuelle est en quantité
si infinitésimale dans la souveraineté nationale que
l'on finit par ne pas la retrouver au décantage.

Mais ce n'est rien encore ; le suffrage universel a
un effet encore bien plus désastreux. C'est de donner naissance au règne des nullités et des médiocrités, et nous le prouvons.

Toute idée nouvelle, en avance sur son époque,
est toujours, par ce fait, en minorité à ses débuts.
Très clairsemés sont les cerveaux assez ouverts
pour l'adopter et la défendre. Cela est une vérité
reconnue, et la conclusion est, que les individus aux
idées vraiment larges, vraiment intelligents, sont
toujours en minorité. Le gros de la masse professe
les idées moyennes qui ont cours, c'est elle qui fait
la majorité, c'est elle qui choisira le député qui,

5.

pour être nommé, se sera bien gardé de froisser les préjugés de ses électeurs, de heurter les idées reçues. Au contraire, pour arriver à grouper le plus de monde possible sur son nom, il aura fallu qu'il arrondisse ses angles, qu'il ait fait choix d'un stock de lieux communs pour débiter à ceux dont il convoite les suffrages. Pour ne pas les effrayer, il devra renchérir sur leur bêtise. Plus il aura été plat, médiocre et effacé, plus il aura de chances d'être élu.

———

Que l'on examine bien le fonctionnement de tous les groupements : comités, chambres syndicales, associations de secours mutuels, d'artistes, de littérateurs, etc., toujours dans leur organisation hiérarchique, nommée au suffrage universel, vous verrez les emplois tenus par des individus qui, à part leur ambition, leur besoin de se montrer, de faire parler d'eux ou de se créer une situation aux dépens de leurs collègues et d'un certain esprit d'intrigue, seront des plus médiocres en tout.

C'est que tout esprit original qui ne s'occupe que de la réalisation de son idéal, ne peut faire autrement que de froisser tous ceux — et ils sont nombreux — qui suivent les lois de la sainte routine ; tout le monde criera : haro sur le baudet ! Celui qui cherche la vérité et veut la faire prévaloir n'a pas le temps de descendre aux mesquines intrigues de coulisses, il sera sûrement battu dans la lice électorale par celui qui, n'ayant aucune idée originale, acceptant les idées reçues par le plus grand nombre, aura d'autant moins de peine à rentrer ses angles — qu'il n'a pas — de façon à ne froisser personne. Plus on voudra contenter de monde, plus la ligne moyenne d'idées que l'on aura adoptée, devra être débarrassée des idées nouvelles et originales, plus par conséquent, elle se trouvera vide, terne et médiocre. Voilà tout le suffrage : une peau d'âne sonore, ne rendant que des sons sous les coups de ceux qui veulent la faire parler.

———

Mais, si l'on discute l'autorité, si on la raille, si on la fouaille, elle est loin, malheureusement, d'être disparue de nos mœurs. Les individus sont tellement habitués à être menés en laisse qu'ils se figureraient perdus, le jour où il n'y aurait plus personne pour les tenir à l'attache. Ils sont tellement habitués à voir paraître dans tous les actes de leur vie, le tricorne du gendarme, la bedaine sanglée du maire, l'ingérence et la morgue de la bureaucratie, les figures chafouines du policier et du juge, qu'ils en sont arrivés à s'habituer à ces promiscuités malpropres, les considérant comme choses certainement désagréables, auxquelles on passe toujours avec satisfaction, quand l'occasion s'en présente, quelques crocs-en-jambe, mais que l'on ne peut s'imaginer voir disparaître sans que l'humanité en fût disloquée du coup. Étrange contradiction de l'esprit humain ! On subit avec peine cette autorité, on la bafoue, on la viole quand on le peut, et on se croit perdu lorsqu'on parle de la supprimer.

Affaire d'habitude, à ce qu'il paraît !

Mais ce préjugé est d'autant plus illogique, disons le mot, d'autant plus bête, que l'idéal de chaque individu, en fait de *bon* gouvernement, serait d'en avoir un qu'il aurait la facilité d'envoyer promener, du jour où celui-ci voudrait l'empêcher d'agir à sa guise. C'est pour flatter cet idéal que la bourgeoisie a inventé le suffrage dit universel.

———

Si, parmi les travailleurs, la République a eu tant de crédit ; si, après tant de déceptions, le suffrage universel est considéré encore par les gouvernés, comme moyen d'affranchissement, c'est que l'on est arrivé à leur faire croire qu'en changeant les hommes au pouvoir, ils pouvaient changer le système d'exploitation qui nous opprime, en un système d'où découleraient le bien-être et la félicité pour tout le monde. Erreur profonde qui permet aux intrigants d'égarer les travailleurs à la poursuite de réformes illusoires, ne pouvant amener aucun changement dans leur situation, et les habituant à tout attendre d'un changement de personnel dans cette machine à l'opprimer qui s'appelle l'État. Erreur qui, à chaque révolution, a permis aux intrigants d'escamoter les victoires populaires, de s'installer dans les sinécures de ceux que la tourmente révolutionnaire avait balayés, et de former une nouvelle caste d'exploiteurs en créant, autour d'eux, des intérêts nouveaux qui, une fois établis, ont su s'imposer et réduire au silence ceux qui avaient eu la naïveté de les porter au pinacle.

———

Quel abîme de contradictions que l'esprit humain ! Si on discute avec des individus à peu près intelligents, ils conviendront bien que, « si tous les hommes étaient raisonnables, il n'y aurait pas besoin de gouvernement ; eux, à la rigueur, s'en passeraient facilement. Mais, malheureusement, tous les hommes ne sont pas raisonnables, certains voudraient abuser de leurs forces pour opprimer les autres, vivre à leurs dépens et ne rien faire ; pour parer à ces inconvénients, il faut une autorité qui les mette à la raison ! »

Ce qui, en termes concrets, revient à dire que, pris en masse, les individus sont trop mauvais pour s'entendre entre eux, mais que, pris individuellement ou par fractions, ils sauront gouverner les autres et qu'il faut se dépêcher de leur mettre une force entre les mains pour qu'ils puissent imposer leurs volontés ! Malheureuse logique ! Comme le raisonnement humain te donne le croc-en-jambe !

Tant qu'il y aura des individus pour commander, est-ce qu'ils ne seront pas, forcément, en antagonisme avec ceux qu'ils commandent? Est-ce que les individus au pouvoir, fussent-ils sincères, n'auront pas leurs idées propres à faire prévaloir ? Et ces

idées, si elles peuvent être bonnes, peuvent aussi
être très mauvaises. Noyées dans la masse, elles
resteront sans force, avec l'autorité aux mains de
ceux qui les professent, elles seront imposées à
ceux qui les repousseraient. Et plus les individus
au pouvoir seraient sincères, plus impitoyables ils
seraient contre ceux qui se révolteraient contre
leur manière de voir, étant convaincus de travailler
au bonheur de l'humanité.

———

Nous avons vu dans le chapitre précédent que
notre esclavage politique était déterminé par notre
situation économique ; nous avons gendarmes, juges, ministres, etc., parce que nous avons banquiers,
propriétaires ; l'un entraîne l'autre. Si nous arrivons à renverser ceux qui nous exploitent à l'atelier, si nous arrivons à nous débarasser de ceux qui
nous tiennent aux entrailles, il n'y a plus besoin de
la force qui les défend, elle n'a plus raison d'être.

Actuellement, il y a besoin d'un gouvernement,
de lois, de députés pour les fabriquer, d'une magistrature pour appliquer ces lois, d'une police pour
appuyer les décisions de la magistrature, parce que
ceux qui possèdent ont besoin d'une force pour défendre ce dont ils se sont emparés contre les revendications de ceux qu'ils ont dépossédé.

Mais le travailleur, lui, qu'a-t-il à défendre ? Que
lui importe tout cet attirail gouvernemental dont il
est le seul à supporter les frais d'entretien, sans en

tirer aucun profit, qui n'est là que pour lui apprendre qu'il n'a que le droit de crever de faim au milieu de l'abondance qu'il a créée?

Aux jours sombres de révolte, quand la misère devenue plus intense pousse les travailleurs en masse dans la rue, ce sont encore ces institutions « sociales » qui se dressent devant eux et leur barrent la route de l'avenir. Il faut donc les détruire; se bien garder de reconstituer une aristocratie nouvelle qui n'aurait qu'un but : jouir le mieux et le plus vite aux dépens de ses *protégés*. Qu'importe le choix de la main qui vous frappe, c'est à ne plus être frappés que nous devons viser.

N'oublions pas que, quel que soit le nom dont s'affuble l'autorité nouvelle, quelque bénigne qu'elle cherche à paraître, quels que soient les amendements que l'on y apporte, quel que soit le mode de recrutement de son personnel, ne s'en posera pas moins le dilemme suivant : ou bien ses décisions auront force de lois et seront obligatoires pour tous, alors elle aura besoin de toutes les institutions actuelles pour les appliquer et les faire respecter? — Alors renonçons à être libres. — Ou bien les individus resteront libres de discuter les décisions gouvernementales, de s'y conformer s'il leur plaît, d'envoyer promener l'autorité si elle les embête? — Alors la liberté reste entière, mais le gouvernement est inutile tout en restant une entrave et une menace. Conclusion : Pas de gouvernement.

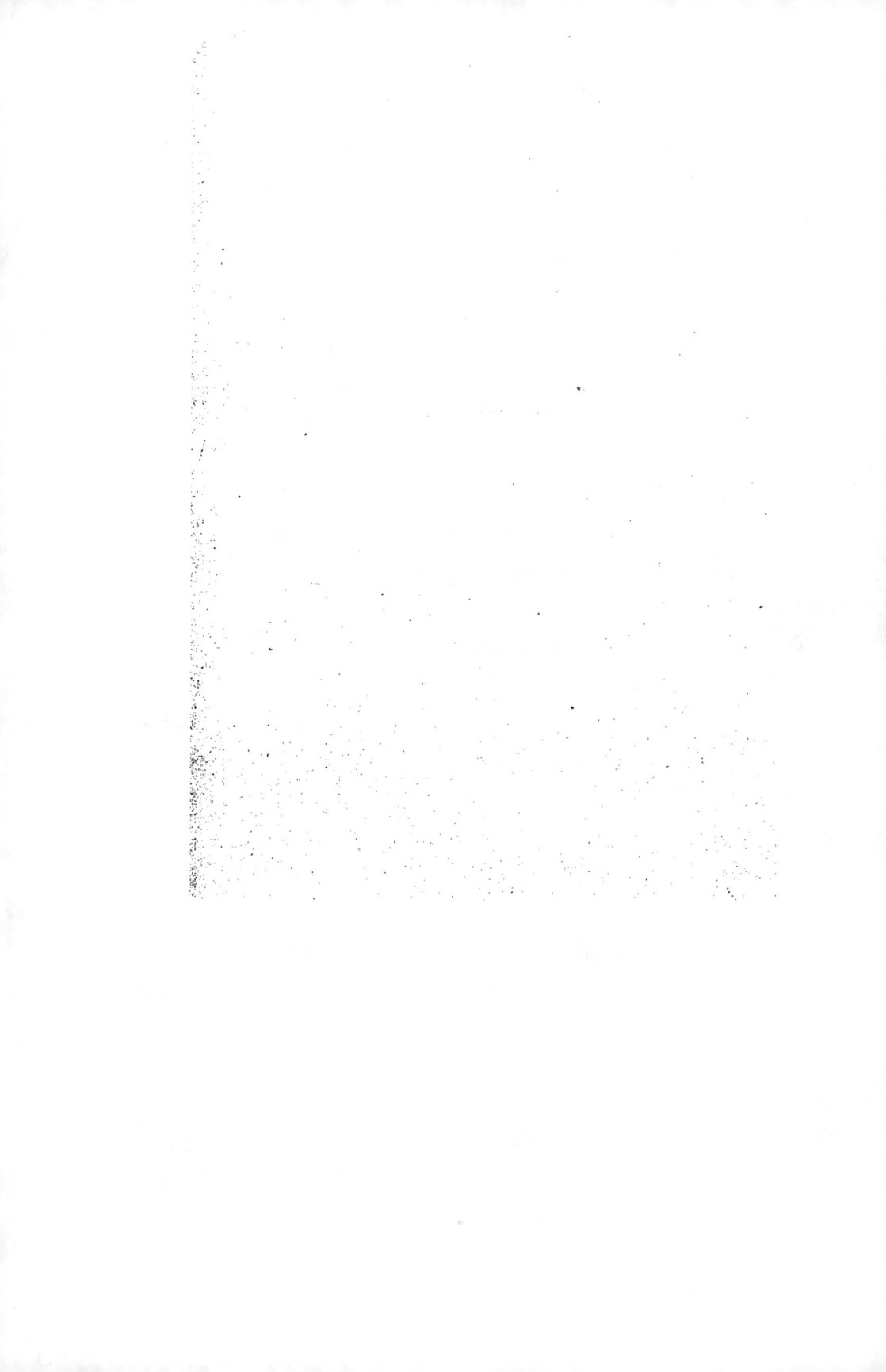

VIII

MAGISTRATURE

L'autorité, nous l'avons vu, découle du Droit que s'arroge la Force. Mais, l'homme ayant agrandi le champ de sa pensée, il a fallu que cette autorité justifiât son existence. Se combinant avec la religiosité et l'appui des prêtres, elle se prétendit d'origine divine, se forma en caste fermée, et en arriva, par la suite, à résister à la force brutale du roi et des seigneurs : la magistrature était fondée. Et lorsque la bourgeoisie s'empara du pouvoir, en 89, elle n'eut garde de détruire ce pilier de l'ordre social. Du reste, est-ce que la noblesse de robe n'appartenait pas plus à la bourgeoisie qu'à la noblesse d'épée? On en fut quitte à lui chercher un mode de recrutement plus en rapport avec les aspirations nouvelles.

Le Droit divin ayant reçu un fort accroc par la

décapitation de Louis XVI, la magistrature ne pouvait, sans risque de passer à son tour sous ce niveau égalitaire, continuer à s'appuyer sur ce Droit. On inventa ou plutôt on déifia la *Loi!* La magistrature en fut constituée la gardienne et l'applicatrice soi-disant incorruptible. Le tour était joué; l'institution la plus redoutable, la plus nécessaire à la défense des privilèges arrivait à se maintenir en se faisant la prêtresse de la nouvelle entité : la *Loi*, créée par les nouveaux maîtres.

La soumission de la France au régime de la *Loi* est, en effet, une des conquêtes de 89 dont les historiens bourgeois se sont le plus attachés à faire ressortir les bienfaits. La codification de l'autorité, à entendre ces thuriféraires, avait pour effet le plus immédiat de légitimer l'arbitraire le plus éhonté. Désormais les Français étaient tous égaux; le peuple n'avait plus rien à réclamer. Il n'y avait plus qu'un seul maître, devant lequel, il est vrai, tous devaient s'incliner, ce qui avait pour effet d'égaliser leur situation. Ce maître, c'était la *Loi!*

Mais nous, qui ne nous payons pas de mots, si nous recherchons ce que les travailleurs ont pu gagner à cette transformation, nous verrons qu'ils n'y ont gagné qu'une duperie de plus. En effet, au temps de la royauté absolue, quand le roi et les seigneurs contraignaient le manant à les servir, il n'y avait pas à s'y tromper; la formule : « car tel est notre

bon plaisir » indiquait d'où ils tiraient leurs droits.
Ils ne se réclamaient que du droit de leur épée, —
ils y comptaient bien plus que sur la volonté divine; — c'était, par conséquent, de la force qu'ils
se réclamaient. On se conformait à leurs ordres, on
subissait leurs prétentions, mais parce que l'on
n'était pas en état d'y résister; il ne se trouvait pas,
du moins, des imbéciles qui venaient vous dire,
après les intéressés, qu'il fallait obéir parce que
c'est la loi, qu'il est du devoir de chacun de s'y conformer jusqu'à ce qu'on l'ait changée.

———

Si on reconnaît que la loi peut changer, c'est présumer que cette loi pourra devenir régressive; et
reconnaître cela, c'est avouer que, dès son principe,
elle peut léser quelqu'un, car il y a toujours des
individus qui sont en avance sur leur époque. La loi
alors n'est pas juste, elle n'a pas ce caractère res-
pectable que l'on a voulu lui attacher. Si cette loi
me blesse dans mes intérêts ou ma liberté, pourquoi
serais-je contraint d'y obéir, et quel est l'arrêté immuable qui puisse justifier cet abus?

———

En matière de science, lorsque les savants, après
bien des recherches et des travaux, arrivent à formuler ce que l'on appelle une loi naturelle, ce n'est
pas parce qu'une majorité ou un cénacle d'individus, se croyant supérieurs au reste des mortels,
auront décidé qu'en vertu de leur volonté, il était

ordonné aux forces naturelles de se conformer à telle ou telle évolution. On rirait au nez des imbéciles qui auraient cette prétention.

Quand une loi naturelle est proclamée, c'est qu'il a été reconnu que, si tel phénomène s'est produit, telle combinaison chimique s'est opérée, c'est qu'en vertu de telle ou telle force, de par l'existence de telles affinités, étant donné le milieu dans lequel le phénomène s'est accompli, il était impossible qu'il en fût autrement. Telles forces mises en mouvement en telles conditions produisent tel résultat ; c'est mathématique. Alors, la loi découverte n'arrive plus ici pour *régir* le phénomène, mais pour en *expliquer* les causes. Ces lois, on peut les discuter, les mettre en doute et même les nier ; les divers corps qui composent notre monde n'en continuent pas moins de se combiner selon leurs propriétés ou affinités, la terre de tourner, sans qu'il y ait besoin d'aucune force pour protéger leur évolution et punir ceux qui voudraient les violer.

Dans nos sociétés, il en est tout autrement. Les lois ne semblent faites que pour être violées. C'est que ceux qui les ont faites n'ont consulté que leurs préférences personnelles, l'intérêt de la caste qu'ils représentaient, le degré moyen de l'évolution morale de leur époque, sans qu'il soit tenu compte du caractère, des tendances et des affinités de ceux qu'il s'agit d'y soumettre ; ce qui serait impossible, du reste, étant donnée la diversité des caractères

et tendances individuelles. Chaque propriété a ses
lois; il ne peut, davantage, y avoir de loi unique et
universelle en sociologie qu'en physique, sous
peine, pour cette loi, d'être arbitraire, inappli-
cable.

En effet, dans nos sociétés, pas une loi qui ne
blesse une partie des membres qui composent cette
société, soit dans leurs intérêts, soit dans leurs
idées; pas une loi que chaque parti triomphant n'ait
pu tourner contre ses adversaires. Une fois le pouvoir conquis, tout parti illégal devient légal, car
c'est lui qui, par ses créatures, fait appliquer la
Loi!

On en peut donc conclure que la loi n'étant que
la volonté du plus fort, on n'est tenu d'y obéir que
lorsqu'on est trop faible pour pouvoir y résister,
que rien ne la légitime, et que la fameuse *légalité*
n'est qu'une question de *plus* ou de *moins* de force.
Aussi, quand certains farceurs viennent opposer
aux travailleurs leur raison suprême : la légalité,
ces derniers peuvent leur rire au nez en leur demandant si l'on est venu les consulter pour fabriquer ces lois. Et quand même ils y auraient adhéré
un moment, ces lois ne peuvent avoir d'effet qu'autant que ceux qui les ont acceptées continuent à les
croire utiles et veulent bien s'y conformer.

Il serait drôle, sous prétexte qu'à un moment
donné de notre vie, ayant accepté une ligne de con-

duite quelconque, nous fussions forcés de l'adopter pour le restant de notre vie, sans pouvoir la modifier, parce que cela pourrait déplaire à un certain nombre d'individus qui, pour une cause ou une autre, trouvant leur compte dans l'ordre de choses existant, voudraient se cristalliser dans le présent.

Mais ce qui est bien plus risible encore, c'est de vouloir nous soumettre aux lois des générations passées, c'est la prétention de nous faire croire que nous devons respect et obéissance aux fantaisies qu'il aura plu à quelques bonshommes de codifier et d'ériger en lois, il y a quelque cinquante ans ; c'est, enfin, cette outrecuidance à vouloir asservir le présent aux conceptions du passé.

C'est ici, alors, que nous entendons récriminer tous les fabricants de lois, ceux qui en vivent, et les naïfs leur emboîter le pas et s'écrier que la société ne pourrait subsister s'il n'y avait plus de lois ; que les individus s'égorgeraient s'ils n'avaient une autorité tutélaire pour les maintenir dans la crainte et le respect des situations acquises.

Nous aurons à voir plus loin que, malgré les lois et la coërcition, les crimes n'en continuent pas moins de se commettre, que les lois sont impuissantes à les réprimer et à les prévenir, la conséquence qu'ils sont de l'organisation vicieuse qui nous régit, et que, par conséquent, ce ne sont pas les lois qu'il faut chercher à maintenir ou à modifier, mais le système social à changer.

Mais ce qui nous indigne encore plus, c'est qu'il
y ait des individus assez audacieux pour s'ériger en
juges des autres. Alors que l'autorité s'appuyait sur
une source divine, alors que la justice passait pour
une émanation de Dieu, nous comprenons que ceux
qui en étaient investis se crussent des êtres à part,
doués, de par la volonté divine, d'une parcelle de
son omnipotence, de son infaillibilité, et se figuras-
sent être aptes à distribuer récompenses et châti-
ments au troupeau des vulgaires mortels.

Mais, dans notre siècle de science et de libre critique, où l'on reconnaît que tous les hommes sont
pétris de la même pâte, sujets aux mêmes passions,
aux mêmes fugues, aux mêmes erreurs ; aujourd'hui
que la Divinité agonisante ne vient plus animer de
son souffle la raison toujours faillible des individus-
nous nous demandons comment il y a des hommes
assez ignares ou assez outrecuidants pour oser assu,
mer de sang-froid, de propos délibéré, la terrible
responsabilité d'enlever à un autre homme sa vie
ou une partie de son indépendance.

Lorsque tous les jours, dans les choses les plus
ordinaires de la vie, nous ne pouvons, les trois
quarts du temps, arriver à analyser, non seulement
les causes qui font agir nos prochains immédiats,
mais bien souvent les véritables mobiles de nos
actes à nous-mêmes, comment peut-on avoir cette

suffisance de croire arriver à démêler la vérité dans une affaire dont on ne connaît ni les débuts, ni les acteurs, ni les mobiles qui ont fait agir ceux-ci, et qui n'arrive au tribunal que grossie, commentée, dénaturée par les gloses de ceux qui y ont participé d'une manière quelconque, ou, le plus souvent, ne l'ont entendu que raconter par d'autres?

Vous qui vous posez en juges sévères et infaillibles de cet homme qui a tué ou volé, savez-vous quels sont les mobiles qui l'ont fait agir? Connaissez-vous les circonstances de milieu, d'hérédité ou même de hasard qui ont influé sur son cerveau et l'ont amené à commettre l'acte que vous lui reprochez? Vous les hommes implacables qui lancez l'anathème sur le « justiciable » que la force publique amène à votre barre, vous êtes-vous jamais demandé si, placés dans le milieu et les circonstances où cet homme agit, vous n'auriez pas fait pis? Quand même vous seriez les hommes impeccables, austères et sans tache que vous êtes censé paraître, vous qui, d'un mot, tranchez impitoyablement les vies et les libertés humaines, vous n'oseriez prononcer vos arrêts si vous aviez bien réfléchi à la fragilité humaine; si vous étiez conscients de ce que vous faites, vous reculeriez épouvantés devant votre besogne !

Comment vos nuits ne seraient-elles pas troublées par les cauchemars? comment vos rêves ne sseraient-ils pas peuplés des spectres des victime

que fait tous les jours votre prétendue justice?
Sans l'inconscience d'état que donnent la bêtise
et l'habitude, vous finiriez par succomber sous le
poids du remords et la hantise des fantômes évo-
qués par vos arrêts.

———

Notre époque de critique et de science positive
n'admet plus guère le principe de justice distribu-
tive et ne reconnaît plus la légitimité d'une autorité
supérieure récompensant les bons et châtiant les
méchants. Vis-à-vis de cette ancienne doctrine que
les conceptions du temps rendirent logique durant
une phase de l'Humanité, nous propageons l'idée
opposée.

Chacun de nous ne voit plus que des actes qu'il
considère comme bons ou comme mauvais, suivant
qu'ils lui sont agréables ou désagréables, et en conséquence desquels ils agit à son tour. Il approuve
ou s'enthousiasme, se défend ou attaque d'après
l'avantage ou le tort fait à son intérêt, à ses passions et à sa conception de l'idéal. Le besoin commun de solidarité qui entraîne les individus soumis
aux mêmes attaques, à s'unir pour la défense est,
pour nous, le futur garant d'un ordre social moins
troublé que le nôtre. Nous ne jugeons pas, mais
agissons et luttons, et nous croyons que l'harmonie
universelle résultera du libre agissement de tous
les hommes, une fois que la suppression de la pro-

6

priété individuelle ne permettra pas qu'une poignée d'individus puisse asservir leurs semblables.

———

Donc, nous ne pouvons admettre que, six semaines ou six ans après un acte commis, un groupe appuyé sur la force armée se rassemble pour juger au nom d'une entité quelconque et récompense ou châtie l'auteur de l'acte. C'est de l'hypocrisie et de la lâcheté. Vous reprochez à cet homme d'avoir tué et pour lui apprendre qu'il a eu tort, vous le faites tuer par le bourreau, cet assassin à gages de la société. Lui et vous, n'aurez même pas l'excuse d'avoir risqué votre peau, puisque vous n'agissez qu'à l'abri d'une force armée qui vous protège.

Nous sommes en guerre avec la caste dominatrice, reconnaissez, gens de la magistrature, que vous en êtes les souteneurs et laissez-nous tranquilles avec vos grands mots et vos grandes phrases ; maintenez les privilèges dont la garde vous est confiée, usez de la force que l'ignorance vous concède, mais laissez la justice en paix : elle n'a rien à voir dans ce que vous faites.

———

Pour que vous puissiez bien juger de l'ignominie de votre rôle de rabatteurs, nous voudrions, ô juges, qu'il vous arrivât, étant innocents, de tomber entre les griffes de vos semblables pour être jugés à votre tour. Vous pourriez, en cette situation, connaître par quelles angoisses, quelles terreurs ont dû passer

ceux qui ont défilé à votre barre et que vous avez
torturés, vous, magistrats, comme le chat torture
la souris.

En entendant rouler, sur votre tête, les flots de
l'éloquence de l'avocat-général qui requerrait contre
vous, vous verriez passer devant vos yeux les
spectres des malheureux que, dans votre carrière,
vous auriez immolés sur l'autel de la vindicte sociale, vous vous demanderiez alors avec terreur si
ceux-là aussi n'étaient pas innocents?

Oh! oui, nous voudrions, de grand cœur, qu'il y
en eût un parmi vous qui, faussement accusé, passât
par les transes de ceux qui défilent à votre barre;
car, si un jour, son innocence étant reconnue, s'il
était réintégré dans ses fonctions, il y aurait fort à
présumer qu'il ne reprendrait sa place au tribunal
que pour y venir déchirer sa robe et faire amende
honorable de sa vie criminelle de magistrat jugeant
au hasard et trafiquant de la vie des hommes.

IX

LE DROIT DE PUNIR ET LES SAVANTS

La science, aujourd'hui, admet sans contestation que l'homme est le jouet d'une multitude de forces dont il subit la pression et que le libre arbitre n'existe pas : Le milieu, l'hérédité, l'éducation, les influences climatologique et atmosphérique, agissent tour à tour sur l'homme, se heurtant, se combinant, mais exerçant une action réelle sur son cerveau, et le faisant tourner sous leur impulsion, comme tourne le toton sous l'action giratoire des doigts du joueur qui le lance.

Selon son hérédité, son éducation et le milieu où il vit, l'individu sera plus ou moins docile aux incitations de certaines forces, plus ou moins réfractaire à certaines autres ; mais il n'en est pas moins

6.

acquis que sa personnalité n'est que le produit de ces forces.

Après avoir constaté ces faits, certains savants, dont le chef reconnu est M. C. Lombroso, ont voulu établir l'existence d'un type criminel. Ils se sont appliqués à rechercher les anomalies qui pouvaient caractériser le type qu'ils ont la prétention de reconnaître, et, après avoir bien ergoté sur le type par eux créé, ils concluent à la répression énergique, à l'emprisonnement perpétuel, etc. — L'homme agit sous l'influence de causes extérieures à lui, il n'est donc pas responsable de ses actes ? les savants le reconnaissent, et ils concluent à la... répression !

Nous aurons l'occasion d'expliquer ci-après cette contradiction, examinons pour le moment les principales anomalies signalées par les criminalistes comme caractéristiques de criminalité :

Anciennes blessures ;

Anomalies de la peau ;

Anomalies des oreilles ou du nez ;

Tatouages.

Il y en a bien d'autres qui ne nous semblent pas avoir un plus grand rapport, que celles ci-dessus, avec la mentalité de l'individu, mais notre ignorance en anatomie ne nous permet pas de les discuter à fond. Contentons-nous de celles que nous venons d'énumérer.

Les blessures : Il est bien évident qu'un individu

qui porte la marque d'anciennes blessures ne peut
être qu'un criminel fieffé, surtout s'il a reçu ces
blessures dans un accident de travail ou en risquant
sa vie pour sauver un de ses semblables ! — Jusqu'à
présent nous avions cru que la criminalité consistait plutôt à donner des coups qu'à en recevoir, il
parait que pour la science c'est le contraire : le criminel est celui qui se laisse blesser ! Inclinons-
nous, mes frères !

Quant aux anomalies du nez et des oreilles, nous
avons cherché vainement quel rapport elles pouvaient avoir avec le cerveau, nous ne l'avons pas
trouvé ; mais il y a mieux. M. Lombroso convient
que beaucoup des cas, qu'il cite comme anomalies,
se retrouvent en quantité chez ce qu'il appelle les
honnêtes gens ! ce sont alors des anomalies qui
tendraient à devenir des généralités ! Nous avions
été, jusqu'ici, portés à croire qu'une anomalie était
un cas qui sortait de la généralité ! La science de
M. Lombroso tend à nous prouver le contraire.
Triste inconséquence qui prouve par-dessus tout
que les gens qui ont enfourché un dada, se sont
confinés dans un coin de la science, finissent par
perdre la notion exacte de l'ensemble des choses et
n'ont qu'un objectif : tout ramener à la portion d'é-
tudes qu'ils ont embrassée.

———

Avoir une oreille ou un nez mal fait — le nez
principalement — rien de plus désagréable, surtout

si cette conformation défectueuse est poussée à l'extrême limite du ridicule. Rien de bien gracieux à porter une couenne de lard, ou une tache de vin sur un côté de la figure, cela est souvent aussi désagréable à ceux qui les regardent qu'à ceux qui les portent ; nous aurions cru cependant que ceux qui en étaient affligés étaient assez péniblement affectés sans vouloir encore les regarder comme criminels !

Mais puisque M. Lombroso l'affirme, poussant sa théorie jusque dans ses conséquences, nous sommes amenés à demander que les sages-femmes et les médecins-accoucheurs soient tenus de mettre à mort tous les nouveau-nés qui viendront au monde avec un nez de travers ou une oreille mal faite. Toute tache pigmentaire ne peut être, évidemment, que l'indice de la plus noire perversité. Ainsi, moi, il me semble me rappeler avoir de ces taches... quelque part, je suis anarchiste — ce qui est considéré, déjà, par certains comme un indice de criminalité, ça concorde bien, je suis destiné à n'être qu'un vulgaire criminel. A mort ! A mort ! la théorie prédit que je dois périr sur « les échafauds ».

En appliquant la doctrine à tous ceux qui en sont justiciables, il y aurait probablement très peu de survivants, mais combien l'humanité serait parfaite au moral et au physique ! Il ne faut jamais reculer devant les conséquences d'une théorie fondée sur l'observation comme l'est celle-ci !

Quant aux tatouages, nous ne les avions pas pris, jusqu'à présent, pour l'indice d'une esthétique bien élevée, oh! non; c'est un restant d'atavisme qui porte certains hommes à rehausser « leur beauté naturelle » au moyen d'enjolivements pratiqués sur la peau, absolument comme pouvaient le faire nos ancêtres de l'âge de pierre. Ce même atavisme amène encore bien des femmes à se faire percer les oreilles pour y suspendre des morceaux de métal ou des cailloux brillants, absolument comme les Botocudos du Brésil, ou certaines peuplades australiennes ou africaines s'incisent les lèvres, les cartilages du nez ou les lobes de l'oreille pour y introduire des rondelles de bois ou de métal, ce qui a pour effet, il leur semble du moins, de les rendre d'une beauté sans égale.

Nous envisagions bien ces procédés comme un peu primitifs, mais nous n'avions vu, en cette pratique, aucun caractère de férocité; cependant, puisque Lombroso nous apprend ce qu'il en est nous espérons bien que l'on nous débarrassera non-seulement de ceux qui se tatouent, mais aussi de celles qui se font percer les oreilles ou se teignent les cheveux.

M. C. Lombroso a bien aussi essayé de reconnaître un type de criminel politique en s'appuyant sur des données tout aussi fantaisistes, mais le suivre sur ce terrain nous écarterait trop de notre sujet; nous nous en tenons à la critique du criminalisme proprement dit.

Du reste, quelques savants, plus éclairés, n'ont pas tardé à faire eux-mêmes la critique des théories par trop fantaisistes de l'école criminaliste et ont démontré victorieusement le peu de consistance des caractères prétendus criminels dont on voulait faire l'apanage de ceux que l'on tenait à désigner par cette étiquette.

Le Dr Manouvrier, entre autres, dans son cours d'*anthropologie criminelle*, en 90-91, à la Société d'anthropologie, a réfuté d'une manière admirable les théories de Lombroso et de l'école criminaliste sur les prétendus criminels-nés. Après avoir démontré la fausseté des observations sur lesquelles le savant italien et ses imitateurs tablaient pour arriver à créer le type criminel, en ne prenant pour sujets d'observations que des individus déjà déformés par la vie de prison ou un genre d'existence anormal, M. Manouvrier constatait que les individus peuvent avoir telles ou telles aptitudes qui les rendent propres à tels ou tels actes, mais qu'ils ne sont pas, de par la conformation de leur cerveau ou de leur squelette, destinés fatalement à accomplir ces actes et devenir ce que l'on appelle des criminels. Tel genre d'aptitudes peut indifféremment, selon les circonstances, entraîner l'individu à un acte réputé honorable aussi bien qu'à un acte réputé criminel.

Par exemple, une forte musculature peut, dans

un moment de fureur, faire de cet homme vigoureux un étrangleur, mais, tout aussi bien, le gendarme qui arrêtera le criminel ; des instincts violents,
le mépris du danger, l'insouciance de la mort, à la
recevoir ou à la donner, sont indifféremment ou les
vices du criminel, ou la vertu que l'on réclame du
soldat ; un esprit fourbe, enclin à la tromperie, in-
sinuant, cauteleux, peuvent faire le pégriot qui ne
pense qu'à échafauder vols et escroqueries, mais ce
sont aussi les qualités requises pour faire un admirable policier ou un excellent juge d'instruction.

———

Entraîné par la vérité de son argumentation, le
professeur n'hésitait pas, du reste, à reconnaître
qu'il était souvent bien difficile de discerner le prétendu criminel du prétendu honnête homme ; et
que maint individu qui est hors de prison devrait
être dedans et réciproquement.

Et, après avoir, avec les autres savants, reconnu
que l'homme n'est que le jouet de toutes les circonstances suivant la résultante desquelles il agit à
chaque moment ; après avoir nié le libre arbitre,
après avoir reconnu que la justice n'est qu'une entité et n'est, en fait, que la vengeance exercée par
la société qui se substitue à l'individu lésé, le professeur, malheureusement, s'arrête en route, après
avoir énoncé des aperçus qui le rapprochent de ce
que prétendent les anarchistes, il en arrive à conclure que la pénalité n'est pas assez forte, et qu'il

faut l'élever ! Il se retranche, il est vrai, derrière la
conservation sociale ; les actes réputés criminels,
dit-il, ébranlent la société, celle-ci a le droit de se
défendre en se substituant à la vengeance individuelle, en frappant ceux qui la gênent d'une peine
assez forte pour leur ôter l'envie de continuer.

———

D'où vient cette contradiction flagrante entre des
aperçus si larges et des conclusions si étroites, puisqu'elles demandent le maintien de ce qui est démontré absurde par les prémisses ? Cette contradiction, hélas ! n'est pas imputable à leurs auteurs, elle
tient essentiellement à l'imperfection humaine.

L'homme n'est pas universel, le savant qui s'est
livré passionnément à une étude arrive à des pro-
diges de sagacité dans le sillon de la science qu'il a
creusé. De déductions en déductions il arrive à résoudre les problèmes les plus ardus faisant partie
du domaine qu'il a pris à tâche de cultiver ; mais
comme il n'a pu mener de front l'étude de toutes
les sciences, de tous les phénomènes sociaux, il
arrive qu'il reste en arrière des progrès des autres
sciences ; aussi, lorsqu'il veut appliquer les décou-
vertes admirables qu'il a faites aux autres conceptions humaines, il s'ensuit qu'il les applique le plus
souvent à faux et qu'il tire une conclusion erronée
d'une vérité qu'il a démontrée.

En effet, si les anthropologistes qui ont étudié
l'homme, l'ont analysé et sont arrivés à reconnaître

sa véritable nature, avaient étudié avec un égal succès la sociologie, passé au crible du raisonnement toutes les institutions sociales qui nous régissent, nul doute que leurs conclusions eussent été différentes.

———

Puisqu'ils ont admis que l'homme agit sous l'impulsion d'influences extérieures, ils doivent être amenés à rechercher quelles sont ces causes ; en étudiant l'homme réputé criminel et ses actes, l'étude de la nature de ces actes doit forcément s'imposer à leur esprit et leur faire rechercher pourquoi ils sont en antagonisme avec les lois de la société. C'est ici que les influences de milieu, les préjugés d'éducation, leur ignorance relative des questions scientifiques qu'ils n'ont pas étudiées, se combinent pour leur dicter, à leur insu, des conclusions si favorables à l'ordre de choses existant qui font que, tout en le reconnaissant mauvais, tout en demandant une amélioration pour les déshérités, ils ne peuvent concevoir rien de mieux en dehors de l'autorité ! Habitués à ne se mouvoir que la chaîne au cou et sous les morsures du fouet du pouvoir, les plus indépendants voudraient bien en être débarrassés pour eux-mêmes, pour une petite minorité, mais leur conception ne peut admettre que l'humanité marche sans lisières, sans cachots et sans chaînes.

———

Si nous étudions quels sont les crimes les plus anti-sociaux, les plus visés par le code et les plus fréquents, nous ne tarderons pas à reconnaître qu'en dehors de quelques crimes passionnels, très rares et sur lesquels juges et médecins sont d'accord pour user d'indulgence, c'est l'atteinte à la propriété qui fournit le plus fort contingent de crimes ou de délits. C'est alors que se pose la question, à laquelle peuvent seuls répondre ceux qui ont bien étudié la Société dans sa nature et ses effets : « La propriété est-elle juste ? Une organisation qui engendre un tel nombre de crimes est-elle défendable ? »

Si ce régime entraîne avec lui tant d'actes qui sont une réaction inéluctable, il faut qu'il soit bien illogique, qu'il froisse bien des intérêts, et que le pacte social, loin d'avoir été unanimement et librement consenti, soit dénaturé par l'arbitraire et l'oppression. C'est ce que nous avons pris à tâche de démontrer dans cet ouvrage, et le vice fondamental de l'organisation sociale reconnu, nous constatons avec évidence que pour détruire les criminels, il faut détruire l'état social qui les engendre.

Faites que dans la société chaque individu soit assuré de la satisfaction de tous ses besoins ; que rien ne vienne l'entraver dans sa libre évolution ; que dans l'organisation sociale, il n'y ait pas d'institutions dont il puisse se servir pour entraver ses semblables, vous verrez les crimes disparaître ; s'il restait quelques natures isolées assez corrom-

pues ou abâtardies par notre société actuelle pour
commettre quelques-uns de ces crimes auxquels on
ne peut trouver d'autres causes que la folie, ces
individus ne relèveraient plus que de la science et
non du bourreau, cet assassin à gages de la société
capitaliste et autoritaire.

Vous faites la guerre aux voleurs et aux assassins,
dites-vous? mais qu'est-ce qu'un voleur et un assassin? — Des individus, direz-vous, qui prétendent
vivre à ne rien faire, aux dépens de la société.
Mais jetez donc un coup d'œil sur votre société,
vous reconnaîtrez qu'elle fourmille de voleurs et
que, loin de les punir, vos lois ne sont faites que
pour les protéger. Loin de punir la paresse, elle
présente comme idéal et récompense le plaisir de
ne rien faire à ceux qui peuvent arriver, par n'importe quels moyens, à bien vivre sans rien produire.

Vous punissez comme voleur le malheureux qui,
n'ayant pas de travail, risque le bagne pour s'emparer du morceau de pain qui doit apaiser sa faim ;
mais vous vous inclinerez chapeau bas devant
l'accapareur millionnaire qui, à l'aide de ses capitaux, aura râflé sur le marché les objets nécessaires
à la consommation de tous, pour les leur revendre
avec une majoration de 50 pour 100 ; vous irez vous
presser bien humbles et bien soumis dans les an-
tichambres du financier qui, d'un coup de bourse,

aura ruiné quelques centaines de familles pour
s'enrichir de leurs dépouilles.

Vous punissez le criminel qui, pour satisfaire ses
goûts de paresse et de débauche, aura suriné une
victime quelconque; mais cette paresse, ce goût de
la débauche qui les lui a inculqués, si ce n'est encore
votre société? Vous le punissez lui qui opère en petit, mais vous entretenez des armées pour les envoyer, outre-mer, opérer en grand contre des
peuples incapables de se défendre. Mais les exploiteurs qui tuent non pas seulement un, dix individus,
mais usent des générations entières en les brisant
de travail, en leur rognant tous les jours leurs salaires, les acculant à la misère la plus sordide,
oh! à ceux-là vous leur réservez vos sympathies,
vous savez mettre, au besoin, toutes les forces de
votre société à leur service. Et la *loi*, dont vous
êtes les gardiens farouches, lorsque leurs exploités,
las de souffrir, relèvent la tête et réclament un peu
plus de pain, un peu moins de travail, vous en
faites l'humble servante des privilégiés, contre les
réclamations intempestives des va-nu-pieds.

Vous punissez l'imbécile qui se laisse prendre à
vos filets, mais le roublard assez fort pour en
rompre les mailles, vous le laissez filer en paix.
Vous emprisonnez le trimardeur qui aura volé une
pomme en passant, mais vous mettez au service du
propriétaire tous les rouages de votre procédure
pour lui permettre de voler au pauvre diable qui lui

devra cinquante francs le mobilier qui en aura
coûté quatre ou cinq cents, et représente les économies d'une partie de son existence.

Votre justice n'a pas assez de rigueurs pour le voleur en haillons, mais elle protège ceux qui opèrent
sur une classe, sur une nation tout éntière. Toutes
vos institutions n'ont-elles pas été établies pour
assurer aux possédants la libre possession de ce
qu'ils ont pris aux *dépossédés*.

––––––

Mais ce qui nous révolte encore plus, ce sont
toutes ces formes hypocrites que l'on emploie pour
nous faire considérer comme choses sacrées toutes
ces bouffonneries théâtrales dont les bourgeois entourent leurs sinistres comédies et qu'ils n'ont pas
le courage d'avouer franchement.

Et encore, non, ce qui nous révolte le plus, c'est
l'attitude de tous ces saltimbanques qui, sous prétexte d'attaquer le régime existant, l'attaquent dans
les hommes qui appliquent les textes, dans la manière dont ils les appliquent, mais ont soin d'en
respecter l'essence même, de façon à faire croire
qu'il peut y avoir trente-six manières d'appliquer la
loi, et que, parmi ces trente-six manières, il peut y
en avoir une bonne, que parmi les hommes qui
escaladeront le pouvoir, il pourra s'en trouver
d'assez honnêtes, d'assez larges dans leurs vues, des
hommes, enfin, comme il n'en existe pas, qui pour-

ront démêler cette bonne manière et s'en servir à
la satisfaction de tous.

Vraiment, nous ne savons ce que nous devons
admirer le plus ; ou de la coquinerie de ceux qui
nous débitent ces fadaises, ou de la naïveté de ceux
qui continuent à respecter cette mise en scène,
dont ils sont les seuls à supporter tout le poids. Il
est difficile de comprendre comment, parmi cette
foule innombrable d'individus qui ont passé par les
étamines de la justice, il ne s'en est pas encore
trouvé un, assez débarrassé de préjugés, pour aller
relever les jupons d'un de ceux qui l'avaient frappé,
démontrant ainsi au public que toutes ces loques ne
servent qu'à masquer des hommes sujets aux
mêmes faiblesses et aux mêmes erreurs que le restant de l'humanité, sans compter les crimes inspi-
rés par leurs intérêts de caste.

––––––

Aussi, pour nous, anarchistes, qui attaquons l'autorité, la légalité est une de ces formes hypocrites
auxquelles nous devons le plus nous attaquer pour
en arracher tous les oripeaux qui servent à cacher
les palinodies et les hontes de ceux qui nous gouvernent.

Trop longtemps l'on a respecté ces mômeries ; trop
longtemps les peuples ont cru que ces institutions
émanaient d'une essence supérieure qui, les faisant
flotter dans une sphère éthérée, les laissait planer
au-dessus des passions humaines ; trop longtemps

on a cru à l'existence d'hommes à part, d'une pâte
spéciale, chargés de distribuer ici-bas, à chacun
selon ses mérites, à chacun selon ses œuvres, cette
justice idéale que chacun envisage à son point de
vue, selon la condition où il est placé et qu'eux ont
codifiée en s'inspirant des idées les plus arriérées,
les plus surannées, pour protéger l'exploitation et
l'asservissement des faibles par ceux qui ont su
créer et imposer leur domination.

Il est temps de rompre avec ces absurdités et
d'attaquer franchement les institutions véreuses qui
ont pour but d'amoindrir la personnalité humaine;
l'homme libre n'admet pas cette prétention d'individus s'arrogeant le droit de juger et de condamner
d'autres individus. L'idée de *justice*, telle que la
comportent les institutions actuelles, est tombée
avec la *divinité;* l'une a entraîné l'autre. L'idée de
Dieu inspirant aux magistrats le verdict à prononcer
pouvait faire accepter l'infaillibilité de la justice des
hommes, alors que les masses étaient assez arriérées pour croire à une existence ultra-terrestre, à
un bonhomme quelconque, existant en dehors du
monde matériel, s'occupant de tout ce qui se passe
sur notre planète et réglant les actions de tous les
individus qui l'habitent.

Mais la croyance en Dieu étant détruite, la foi
au surnaturel ayant disparu, la personnalité humaine restant seule, avec tous ses défauts et ses
passions, cette inviolabilité et ce caractère suprême

qui sont l'essence de la Divinité, et dont s'était revêtue la magistrature pour se maintenir au-dessus de la société, doivent disparaître à leur tour pour laisser, aux yeux dessillés, voir ce qu'ils cachaient réellement : l'oppression et l'exploitation d'une classe par une autre, la fraude et la violence élevées à la hauteur d'un principe et transformées en *institutions sociales*.

————

La science nous aidés à lever le voile, elle nous a fourni les armes qui ont contribué à mettre le colosse à nu, il est trop tard pour qu'elle puisse efficacement retourner en arrière et essayer de reconstituer, au nom de l'Entité-Société, ce qu'elle a brisé avec l'Entité-Divinité. Il faut que les savants arrivent à éliminer complètement en eux l'éducation bourgeoise reçue et qu'ils étudient les phénomènes sociaux avec la même âpreté, avec le même désintéressement qu'ils peuvent avoir porté dans les études d'une connaissance spéciale. Alors, quand ils ne seront plus influencés par des considérations ou des préjugés étrangers à la science, ce ne sera plus à la condamnation des criminels qu'ils concluront, mais bien, comme nous, à la destruction d'un état social qui fait que dans son sein, de par son organisation vicieuse, il peut y avoir des individus réputés honnêtes, et d'autres réputés criminels.

X

INFLUENCE DES MILIEUX

C'est une vérité, au reste, que l'on commence à reconnaître et qui fait son chemin dans le monde scientifique; l'influence modificatrice des milieux sur les êtres organisés n'est plus combattue que par les vieilles brisques de la science o'ficielle.

Il est reconnu, aujourd'hui, que le sol, le climat, les obstacles ou la facilité de vivre que trouvent les organismes sur un continent ont, sur leur développement, une influence tout aussi grande, sinon plus grande que les autres lois à l'aide desquelles on a voulu — exclusivement — expliquer leur adaptation ou leurs tendances à la variabilité.

Pour l'homme dont on a voulu faire un être à part, cela fut plus dur à admettre, d'autant plus que, lui aussi, peut transformer le milieu où il évolue.

7.

Mais enfin, on a fini par reconnaître que, semblable aux autres animaux, il subissait les mêmes influences, il évoluait sous la pression des mêmes causes originelles.

Quand il a fallu expliquer son évolution morale d'après les mêmes lois, cela a été encore bien plus difficile, et même ceux qui nient le libre arbitre, qui reconnaissent que l'homme n'agit que sous la pression de faits extérieurs, même ceux-là ne peuvent accepter la loi avec toutes ses conséquences ; c'est-à-dire faire remonter les causes de la criminalité de l'homme à l'organisation sociale tout entière et demander sa transformation.

Les plus hardis, et ils sont rares, admettront bien, en principe, que l'organisation sociale est mauvaise, qu'elle a besoin de réformes, que certaines de ses institutions engendrent des délits, mais, pour eux, la grande coupable c'est la nature mauvaise de l'homme qui a besoin d'un frein à ses passions, et que la société, toute défectueuse qu'elle soit, peut seule arriver à comprimer.

———

Du reste, pour arriver à atténuer la responsabilité de la société entière, ils découpent le milieu social en plusieurs tartines qu'ils baptisent aussi du nom de milieux et auxquels ils font endosser les mauvais effets de l'influence produite.

Quant à la société, disent-ils, elle laisse peut-être à désirer, mais telle qu'elle est, elle protège les faibles contre les méchants, elle garantit aux individus le libre exercice de leur travail, elle leur fournit une protection plus sûre, plus efficace et à meilleur marché que s'ils étaient forcés de se défendre eux-mêmes.

En un mot, concluent-ils, c'est un contrat d'assurance mutuelle qui s'est établi entre les individus, s'il se commet des délits cela tient beaucoup plus à la nature mauvaise de l'homme qu'à l'organisation sociale elle-même.

———

Certes, nous sommes loin de prétendre que l'homme soit un modèle de perfection; entre nous, c'est un assez triste animal qui, lorsqu'il n'écrase pas son semblable sous le talon de sa botte, lèche celles de ceux qui l'écrasent lui-même; mais, somme toute, l'homme n'agit pas exclusivement sous l'influence d'instincts mauvais, et ces beaux sentiments d'amour, de charité, de fraternité, de dévouement, de solidarité, chantés, exaltés par les poètes, les religions et les moralistes, nous prouvent que s'il agit, parfois, sous l'impulsion de sentiments mauvais, il a un fonds d'idéal, un besoin de perfection, et c'est ce besoin de perfection que la société comprime, empêche de se développer.

L'homme ne s'est pas fait tout seul, ni moralement, ni physiquement. Comme les autres animaux, dont il n'est qu'un échantillon supérieur, il est le produit d'un concours de circonstances, de combi-

naisons et d'association de matière. Il a lutté pour
se développer et, s'il a contribué pour une bonne
part à transformer les milieux où il s'est établi,
ceux-ci en revanche ont influé sur les habitudes qu'il
a prises, sur la manière de vivre, de penser et
d'agir.

L'homme a donc établi la société sous l'empire
de son caractère, de ses passions, et il continue
d'avoir une part d'influence sur son fonctionnement.
Mais il ne faut pas oublier que l'homme a continué
d'évoluer depuis l'établissement des sociétés, tandis
que celles-ci, depuis qu'elles se sont organisées en
groupements nombreux, demeurent toujours basées
sur l'autorité et la propriété.

Des changements de détail ont pu être apportés
par les révolutions; le pouvoir et la propriété ont pu
changer de mains, passer d'une caste à l'autre, la
société, elle, n'a cessé d'être basée sur l'antagonisme
des individus, sur la concurrence de leurs intérêts,
et de peser de tout son poids sur le développement
de leur cerveau.

C'est dans son sein qu'ils viennent au monde,
c'est dans le milieu qu'elle leur offre qu'ils acquièrent
leurs premières notions, qu'ils apprennent une foule
de préjugés et de mensonges qu'ils n'arrivent à reconnaître faux qu'après bien des siècles de critique
et de discussion. Force est donc de reconnaître
que l'influence du milieu social sur l'individu est
immense, qu'elle pèse sur lui de tout le poids de

ses institutions, de la force collective de ses membres et de celle acquise par la durée de son existence ; tandis que l'individu, pour réagir, en est réduit à ses seules forces.

La société, qui est une première tentative d'un essai de solidarisation, devrait avoir pour but d'améliorer les individus, de leur apprendre à pratiquer cette solidarité en vue de laquelle ils se sont associés, de les faire s'aimer comme des frères, de les amener à tout mettre en commun : joies, plaisirs, jouissances, peines, douleurs et souffrances, travail et production.

La société, au contraire, n'a trouvé rien de mieux que de les diviser en une foule de castes qui peuvent se résorber en deux principales : les gouvernants et les possédants d'un côté, les gouvernés et les non possédants de l'autre.

Côté des premiers : jouissances et pléthore ; côté des seconds : misère, privation et anémie. Ce qui a pour résultat de poser ces deux catégories d'individus en ennemis, entre lesquels se perpétue une guerre féroce qui ne doit prendre fin que par l'asservissement sans retour des seconds, ou la destruction, complète, — en tant que classe et privilèges, tout au moins — des premiers.

Mais l'organisation défectueuse et mal comprise de la Société en deux classes distinctes, ne borne pas là ses pernicieux effets. Basée sur l'antagonisme des intérêts, elle oppose, dans chaque classe, individu à individu; elle sème la guerre entre eux par son institution de la Propriété individuelle qui force les individus à thésauriser pour s'assurer du lendemain que la Socielé ne peut leur garantir.

La concurrence individuelle est le grand ressort de la Société actuelle : quels que soient le commerce, la profession, le genre de travail auxquels les individus s'adonnent, ils ont à craindre la concurrence de ceux qui choisissent la même branche d'activité. Pour augmenter leurs bénéfices, leurs chances de réussite, simplement, parfois, pour ne pas sombrer eux-mêmes, ils sont forcés de spéculer sur la ruine de leurs concurrents.

Lors même qu'ils se liguent entre eux, ce n'est toujours qu'au détriment d'une partie de ceux de leur classe, toujours au détriment de ceux qui sont tributaires de leur genre de production.

Établie sur cette lutte des individus, la Société a fait de chaque être l'ennemi de tous; elle provoque la guerre, le crime, le vol et tous les délits que l'on attribue à la mauvaise nature de l'homme, quand ils ne sont que la conséquence de l'ordre social; que la Société contribue à perpétuer quand ils devraient disparaître sous l'influence des nouvelles notions morales acquises par l'homme.

Cette lutte entre les individus a pour effet d'amener les possédants à se faire eux-mêmes la guerre, de les diviser et de les empêcher de voir leur intérêt de caste qui serait de travailler à assurer leur exploitation en évitant et prévenant tout ce qui peut faire voir clair à leurs exploités. Guerre qui leur fait même commettre une foule de fautes qui contribuent d'autant à leur déchéance.

Si tous les bourgeois étaient véritablement unis entre eux, qu'ils n'eussent plus aucun intérêt particulier et ne fussent plus mûs que par le seul intérêt de caste, étant donnée la puissance que leur assure la possession de la fortune, de l'autorité et de tous les rouages administratifs, exécutifs et coercitifs qui constituent la Société actuelle, étant donné son développement intellectuel forcément supérieur à celui des travailleurs auxquels elle rationne la nourriture du cerveau comme celle du corps, la bourgeoisie pourrait indéfiniment river les exploités au collier de misère et de dépendance sous lequel elle le tient déjà.

Heureusement que la soif de jouir, de briller, de parader et d'amasser, fait que les bourgeois se livrent entre eux une guerre non moins cruelle que celle qu'ils livrent aux travailleurs. Pressés de jouir, ils entassent fautes sur fautes : les travailleurs finissent par s'en rendre compte, leur font connaître les causes d'où découle leur misère, leur donnent conscience de l'abjection dans laquelle on les tient.

Mais, la même guerre qui se fait entre bourgeois,
se fait aussi entre travailleurs, et, si la première
compromet la stabilité de l'édifice bourgeois, la
deuxième contribue à en assurer le fonctionnement.

Forcés de lutter entre eux, pour s'arracher les
places vacantes que leur offre la bourgeoisie dans
ses bagnes, les travailleurs se considèrent comme
autant d'ennemis, tandis qu'ils sont portés à regarder comme un bienfaiteur celui qui les exploite.

Affamés par la bourgeoisie qui, en échange de
leur travail, leur donne juste de quoi ne pas mourir
de faim, ils sont, de prime abord, portés à traiter en
ennemi celui qui vient leur disputer à l'atelier la
place qu'ils ont tant de mal à obtenir.

La rareté de ces places leur fait encore accentuer
cette concurrence, en les faisant s'offrir encore à
plus bas prix que leurs concurrents. De sorte que ce
souci de la lutte de tous les jours pour le pain quotidien, leur fait oublier que leurs pires ennemis sont
leurs maîtres.

Car, la bourgeoisie, forte, il est vrai, par la fortune, la suprématie intellectuelle, et la possession
des forces gouvernementales, n'est, après tout,
qu'une infime minorité eu égard à la foule des travailleurs ; elle ne tarderait pas à capituler devant
leur nombre, si elle n'avait trouvé le moyen de les
diviser et de les faire contribuer à la défense de
ses privilèges.

Donc, tout ceci nous indique que, certainement, l'homme est loin d'être un ange ; il a même été une brute dans la plus complète acception du mot, c'est tout aussi vrai. Quand il s'est organisé en Société, il a basé celle-ci sur ses instincts de lutte et de domination, cela nous explique pourquoi elle est aussi mal bâtie.

Seulement, la Société est restée mauvaise ; son autorité restant entre les mains d'une minorité, celle-ci l'a fait tourner à son profit, et plus la Société s'est développée, plus cette concentration du pouvoir entre quelques mains a tendu à s'accroître et à développer les mauvais effets de ces institutions néfastes.

L'homme, au contraire, à mesure que son cerveau se développe, que la facilité de se procurer les moyens d'existence s'est accrue, l'homme a senti se dégager en lui le sentiment de solidarité auquel il avait obéi déjà en se groupant ; ce sentiment de solidarité est devenu un tel besoin, que les religions l'ont poussé à l'extrême en le portant au sacrifice ; prêchant la charité, le renoncement du soi-même, et y ont trouvé un nouvel élément d'exploitation.

Quels ne sont pas les rêves de réorganisation sociale, de plan de bonheur pour l'Humanité, qu'a enfanté le besoin de vivre harmoniquement avec ses semblables ? Mais la Société était là, étouffant de tout son poids les bons instincts de l'homme, ravivant chez lui son sauvage égoïsme primitif, le forçant à considérer les autres individus comme autant d'ennemis qu'il doit terrasser pour ne pas être terrassé lui-même ; l'habituant à regarder d'un œil sec ceux qui disparaissent broyés par les monstrueux engrenages du mécanisme social, sans pouvoir leur porter secours, sous peine d'être pris lui-même dans cette gueule insatiable qui dévore principalement les bons, les naïfs, qui se laissent aller à leurs sentiments humanitaires, ne laissant survivre que les malins qui savent y pousser les autres afin de retarder leur chute.

———

On crie contre les fainéants, contre les voleurs et les assassins, on invoque le côté foncièrement mauvais de la nature humaine, et on ne s'aperçoit pas que ces vices ne demandent qu'à disparaître, s'ils n'étaient entretenus et développés par l'organisation sociale.

Comment veut-on que l'homme soit travailleur quand, dans l'organisation qui nous régit, le travail est considéré comme dégradant, réservé aux parias de la société et que, par la cupidité de ceux qui l'exploitent, on en a fait un supplice et un esclavage ?

Comment veut-on qu'il n'y ait pas de paresseux quand l'idéal, le but à atteindre pour tout individu qui veut s'élever, est d'arriver à amasser, par n'importe quel moyen, assez d'argent pour vivre à ne

rien faire ou en faisant travailler les autres? Plus le
nombre d'esclaves que l'individu arrive à exploiter
est grand, plus sa situation est haute, plus les res-
pects qu'on lui accorde sont grands. Plus grande
aussi est la somme de jouissances qu'il en tire.

On a hiérarchisé la société et fait que le haut de
l'échelle sociale, considéré comme une récompense
au mérite, à l'intelligence, au travail, ne soit
réservé justement qu'à ceux qui n'ont jamais rien
fait par eux-mêmes.

Ceux qui pour une raison ou une autre se sont
juchés à son sommet, mangent, boivent, paillardent
sans avoir à faire œuvre de leurs dix doigts, ils
donnent le spectacle de leur fainéantise, de leurs
jouissances, aux exploités qui, au bas de l'échelle,
suent, peinent et produisent pour eux, ne recevant,
en échange, que de quoi ne pas crever de faim,
sans pouvoir espérer de sortir de leur situation que
par un coup de hasard; et on s'étonne que les
individus aient des tendances à vouloir vivre sans
rien faire! Nous, nous ne sommes étonnés que
d'une chose, c'est qu'il y ait encore des individus
assez bêtes pour travailler.

———

Devant l'exemple que leur fournit la société,
l'idéal des individus ne peut être autre que d'arriver à faire travailler les autres, les exploiter, pour
ne pas être exploités eux-mêmes. Et lorsque les
moyens vous manquent pour les exploiter légale-

ment dans leur travail, on cherche d'autres combinaisons. Le commerce et la finance sont encore des moyens licites, acceptés par la loi, donnant d'énormes bénéfices lorsqu'ils sont faits en grand, mais auxquels on ajoute, lorsqu'on ne peut le faire qu'en petit, des procédés qui vous permettent de marcher entre les plates-bandes du code, quitte à les piétiner un peu lorsqu'on peut le faire sans se laisser prendre. La fraude et la tromperie sont des auxiliaires très utiles qui vous permettent de décupler vos bénéfices.

Pour ceux qui ne peuvent opérer dans ces conditions, il y a encore une ressource : l'exploitation de la crédulité humaine, l'escroquerie et autres moyens analogues. Plus bas encore, le vol brutal, avéré, et l'assassinat. Selon les ressources dont on dispose, selon le milieu où l'on a grandi, on met en œuvre l'un des moyens que nous venons d'énumérer, ou bien on les combine ensemble, afin d'échapper le plus longtemps possible aux sévérités du code qui est censé défendre la société.

Misère et souffrance, voilà le lot des travailleurs; jouissances de toutes sortes et oisiveté à ceux qui, par force, ruse ou par droit de naissance se sont fait leurs parasites.

———

C'est comme la solidarité! comment voulez-vous que les individus ne s'entredéchirent pas, quand ils en sont à se demander comment eux et les leurs mangeront le lendemain si leur concurrent obtient à l'atelier la place qu'ils convoitent eux-mêmes.

Comment voulez-vous qu'ils soient solidaires quand ils pensent que la bouchée de pain qu'ils donnent parfois, au mendiant qui passe, pourra leur faire faute plus tard? Comment ont-ils pu penser à la solidarité quand ils sont forcés de lutter pour la conquête du pain de chaque jour, qu'il y a une foule de jouissances qui seront toujours un paradis fermé pour eux?

Peut-être est-ce ce besoin de se serrer les coudes pour la lutte qui les a rapprochés, et a, petit à petit, transformé ce sentiment en besoin d'amour du prochain; mais quoi qu'il en soit, c'est à la société qu'il faut faire remonter la responsabilité de la survivance de la guerre entre individus et des animosités qui en découlent.

Comment voulez-vous que l'homme ne désire pas le mal quand il sait que la disparition de tel individu le fera monter d'un échelon, que la disparition de tel autre est une chance en sa faveur d'obtenir la place qu'il convoite; l'élimination d'un concurrent dangereux?

Comment l'individu résisterait-il aux incitations mauvaises de sa nature quand il sait pertinemment que ce qui sera un mal pour son voisin, doit être un bienfait pour lui?

Vous dites que l'homme est mauvais, nous disons, nous, qu'il faut qu'il ait de réelles tendances à devenir bon pour que la société ne marche pas plus mal qu'elle ne va, pour que les crimes et les sinistres ne soient pas plus fréquents.

Malgré toutes ces incitations du milieu au mal, l'homme a pu développer des aspirations de solidarité, d'harmonie et de justice, et ces bons sentiments ont été exploités par ceux qui vivent de lui. Ces rêves de bonheur, ces tendances vers le mieux ont même fait sortir toute une classe de parasites qui ont spéculé sur ces aspirations des individus, en leur promettant de les réaliser.

Bien mieux, ces bons sentiments ont été punis comme subversifs de l'ordre social et, malgré tout, la tendance de l'humanité est de se diriger vers leur réalisation. Et l'on ose encore parler des mauvais sentiments de l'homme !

Les bons sentiments humains, les aspirations de liberté, de justice, ont été pourchassés et punis, parce que ceux qui étaient parvenus à se dégager de l'égoïsme féroce et étroit que contribue à éterniser la société actuelle, s'étant mis à rêver une ère de jouissances et d'harmonie générale, en arrivèrent à se demander comment il se faisait que, la société étant constituée pour le bonheur de tous, elle n'arrivait qu'à assurer les privilèges de quelques-uns !

Il fallut en conclure que la société était mal or-

ganisée, que ces institutions étaient vicieuses,
qu'elles devaient disparaître pour faire place à une
organisation plus équitable et plus rationnelle.
Mais, comme ceux qui jouissent ne veulent pas
abandonner leurs privilèges, ils ont prohibé ces
aspirations comme subversives, d'où, nouvelles
luttes, nouvelles causes à développer les mauvais
instincts.

———

L'influence néfaste de la société sur le moral des
individus étant reconnue, il est facile de supprimer
les mauvais instincts et de développer les bons.

Votre société, basée sur l'antagonisme des intérêts ayant produit la lutte entre individus, procréé
la bête malfaisante que l'on nomme l'homme civilisé, trouvez une organisation basée, au contraire,
sur la solidarité la plus étroite.

Faites que les intérêts individuels ne soient plus
opposés entre eux, ni contraires à l'intérêt général.
Faites que le bien-être particulier découle de la
prospérité générale ou la produise. Faites que,
pour vivre et jouir, les individus n'aient pas à
craindre la concurrence de leurs semblables ; faites,
au contraire, qu'en associant leurs forces, leurs
aspirations, ils y trouvent leur compte, et que leur
association ne puisse tourner au détriment des
groupements voisins.

Vous avez peur des paresseux, rendez le travail
attrayant. Au lieu d'y river une petite minorité de

la Société, pour laquelle il devient un supplice, supprimez tous vos rouages, tous vos emplois inutiles, et organisez votre société de façon à ce que chacun soit amené de par la force des choses, et non par une autorité quelconque, à coopérer à la production générale. Rendez le travail utile, nécessaire, et faites qu'il soit un exercice d'hygiène au lieu d'être une torture.

Avec l'organisation sociale actuelle, vous récoltez guerres, crimes, vols, fraudes et misère, c'est le résultat de l'appropriation individuelle et de l'autorité ; c'est l'influence des milieux qui se fait sentir.

Si vous voulez une Société où règne la confiance, la solidarité, le bien-être pour tous, basez-la sur la Liberté, la Réciprocité et l'Egalité.

XI

LA PATRIE

La Famille, la Religion, la Propriété, l'Autorité, s'étant lentement dégagées des aspirations humaines, elles se sont graduellement définies ; mais au fur et à mesure que leurs idées se précisaient, qu'elles arrivaient à démêler leurs aspirations, elles devenaient le noyau d'une évolution qui, en grandissant, les amenait à se concentrer davantage en elles-mêmes, et les transformait graduellement en castes bien distinctes, ayant chacune leurs attributions, leurs privilèges.

La caste militaire ne fut pas une des dernières à se former, à se développer et à devenir prépondérante partout ; car, où elle fut forcée de céder le pas à la caste sacerdotale, elle ne lui céda que la préséance honorifique ; n'était-ce pas elle, au fond, qui

8

pouvait assurer, par son concours, la stabilité du
pouvoir entre les mains de ceux qui le détenaient?
N'était-ce pas elle qui fournissait les chefs nomi-
naux ou effectifs, en qui venait se résumer l'omnipotence des castes?

Dans tout ce conflit d'intérêts, l'idéo de Patrie
tenait bien peu de place. On combattait bien de
groupe à groupe, de tribu à tribu, et, dans les temps
historiques, de cité à cité; des peuples même en
vinrent bien à chercher à asservir les autres peuples,
on commença bien à distinguer les nations, mais la
notion de Patrie était encore très indécise, bien
vague ; il faut arriver aux temps modernes pour
voir l'idée de Patrie se formuler, se préciser et
mettre son autorité au-dessus de celle des rois, des
prêtres ou des guerriers qui ne furent plus que les
serviteurs de l'Entité-Patrie, les prêtres de la nouvelle religion.

En France, c'est en 89 que l'idée de la Patrie —
avec celle de la loi — se révéla dans toute sa puissance. Ce fut l'idée géniale de la bourgeoisie, de
substituer l'autorité de la nation à celle du Droit
Divin, de la faire envisager aux travailleurs comme
une synthèse de tous les droits et de les amener à
défendre le nouvel ordre de choses, en leur donnant
la croyance qu'ils luttaient pour la défense de leurs
propres droits!

Car, il est bon de le noter, l'idée de Patrie, la

Nation comme on disait, résumait plutôt l'ensemble du peuple, de ses droits, de ses institutions, que le sol lui-même. Ce n'est que peu à peu et sous l'influence de causes ultérieures que l'idée de Patrie s'est rapetissée, racornie, au point de revenir au sens étroit qu'on enseigne aujourd'hui, de l'amour du sol, sans qu'il soit question de ceux qui l'habitent et des institutions qui y fonctionnent.

Mais, quelle que soit l'idée que l'on se fasse de la Patrie, la bourgeoisie trouvait trop d'intérêt à la cultiver pour ne pas chercher à la développer dans le cerveau des individus — et à en faire une religion, à l'abri de laquelle elle pût maintenir son autorité fortement contestée. En tout cas, la défense du sol était un trop bon prétexte à maintenir l'armée nécessaire au maintien de ses privilèges, et l'intérêt collectif, un argument invincible, pour forcer les travailleurs à contribuer à la défense de ses privilèges. Heureusement que l'esprit de critique se développe et s'étend tous les jours, que l'homme ne se contente plus de mots, veut savoir ce qu'ils signifient ; s'il n'y arrive pas d'une première envolée, sa mémoire sait emmagasiner les faits, en déduire les conséquences, en tirer une conclusion logique.

Que représente, en effet, ce mot : Patrie, en dehors du sentiment naturel d'affection que l'on a

pour la famille et ses proches, et de l'attachement
enfanté par l'habitude de vivre sur le sol natal ? —
Rien, moins que rien, pour la majeure partie de
ceux qui vont se faire casser la tête dans des guerres
dont ils ignorent les causes, et dont ils sont les seuls
à supporter les frais en tant que travailleurs et
combattants. Heureuses ou désastreuses, ces guerres
ne doivent, en rien, changer leur situation. Vainqueurs ou vaincus ils seront toujours le bétail cor-
véable, exploitable et soumis que la bourgeoisie
tient à conserver sous sa domination.

Si nous nous en rapportons au sens donné par
ceux qui en parlent le plus : « la Patrie, c'est le
sol, le territoire appartenant à l'Etat dont on est le
sujet. » Mais les Etats n'ont que des limites arbitraires. Leur délimitation dépend le plus souvent
du sort des batailles ; les groupes politiques, tels
qu'ils existent aujourd'hui, n'ont pas toujours été
constitués de la même façon ; et demain, s'il plaît
à ceux qui nous exploitent de se faire la guerre, le
sort d'une autre bataille peut faire passer une portion de pays sous le joug d'une autre nationalité.
N'en a-t-il pas toujours été ainsi à travers les âges ?
Par suite des guerres qu'elles se sont faites, les
nations se sont approprié, puis ont reperdu ou repris les provinces qui séparaient leurs frontières ;
il s'ensuit que le patriotisme de ces provinces, bal-
lottées de ci, de là, consistait à se battre tantôt sous
un drapeau, tantôt sous un autre, à tuer les alliés

de la veille, à lutter côte à côte avec les ennemis du lendemain : Première preuve de l'absurdité du patriotisme.

Et puis, quoi de plus arbitraire que les frontières? Pour quelle raison les hommes placés en deçà d'une ligne fictive, appartiennent-ils plutôt à une nation que les hommes placés au-delà? L'arbitraire de ces distinctions est si évident, que l'on se réclame, aujourd'hui, de l'esprit de race pour justifier le parcage des peuples en nations distinctes. Mais là, encore, la distinction n'a aucune valeur et ne repose sur aucun fondement sérieux, car chaque nation n'est, elle-même, qu'un amalgame de races toutes différentes les unes des autres, et encore nous ne parlons pas des mélanges et des croisements que les rapports, de plus en plus développés, de plus en plus intimes qui s'opèrent entre nations, amènent tous les jours.

—————

A ce compte-là, les anciennes divisions de la France en provinces étaient plus logiques, car elles tenaient compte des différences ethniques des populations qui les peuplaient. Mais, même aujourd'hui, cette considération n'aurait plus aucune valeur, car la race humaine marche de plus en plus vers son unification et l'absorption des variétés qui la divisent, pour ne laisser subsister que les différences de milieu et de climat qui auront été trop

profondes pour pouvoir être modifiées complètement.

———

Mais où l'inconséquence est plus grande encore,
pour la majeure partie de ceux qui se font tuer
ainsi, sans avoir aucun motif de haine contre ceux
qu'on leur désigne, c'est que ce sol qu'ils vont ainsi
défendre ou conquérir ne leur appartient ni ne leur
appartiendra. Ce sol appartient à une minorité de
jouisseurs qui, à l'abri de tout accident, se chauffent
tranquillement au coin de leur feu, pendant que les
travailleurs vont niaisement se faire occire, qu'ils
se laissent bêtement mettre des armes à la main
pour arracher, à d'autres, le sol qui servira, à leurs
maîtres, pour les exploiter davantage encore.

Nous avons vu, en effet, que la Propriété n'appartient pas à ceux qui la possèdent : le vol, le pillage
et l'assassinat, déguisés sous les noms pompeux des
conquêtes, colonisation, civilisation, patriotisme,
n'en ont pas été les facteurs les moins importants.
Nous ne reviendrons donc pas sur ce que nous avons
dit sur sa formation ; mais, si les travailleurs étaient
logiques, au lieu d'aller se battre pour défendre la
Patrie... des autres, ils commenceraient par se
débarrasser de ceux qui les commandent et les
exploitent, ils inviteraient tous les travailleurs,
quelle que soit leur nationalité, à en faire autant

et s'uniraient tous ensemble pour produire et consommer à leur aise.

La terre est assez vaste pour nourrir tout le
monde ; ce n'est pas le manque de place, la pénurie
des vivres qui ont amené ces guerres sanglantes où
des milliers d'hommes s'entr'égorgent pour la plus
grande gloire et le plus grand profit de quelques-
uns ; ce sont, au contraire, ces guerres iniques,
suscitées par les besoins des gouvernants, les riva-
lités des ambitieux, la concurrence commerciale
des grands capitalistes, qui ont parqué les peuples
en nations distinctes et qui, au moyen âge, ont
amené ces pestes et ces famines qui moissonnaient
ce que les guerres avaient laissé debout.

———

Alors interviennent les bourgeois et, avec eux,
les patriotes gobeurs, s'écriant : « Mais, si nous
n'avions plus d'armée, les autres puissances vien-
draient nous faire la loi, nous massacrer, nous imposer des conditions plus dures encore que celles que
nous subissons » ; certains mêmes s'exclament, tout
en ne croyant pas faire de patriotisme : « Nous ne
sommes pas patriotes, certainement la propriété est
mal partagée, la société a besoin d'être transformée,
mais reconnaissez avec nous que la France est à
la tête du Progrès, la laisser démembrer serait
permettre un retour en arrière, ce serait perdre le
fruit des luttes passées ; car, vaincue par une puissance despotique, c'en serait fait de nos libertés! »

Nous n'avons certes pas l'intention de tracer ici une ligne de conduite quelconque que devraient tenir, en cas de guerre, les anarchistes. Cette conduite dépendra des circonstances, de l'état des esprits et d'une foule de choses qu'il ne nous est pas possible de prévoir, nous ne voulons traiter la question qu'au point de vue logique, et la logique nous répond que les guerres n'étant entreprises qu'au profit de nos exploiteurs, nous n'avons pas à y prendre part.

———

Nous l'avons vu : d'où que vienne l'autorité, celui qui la subit est toujours esclave, l'histoire du prolétariat nous démontre que les gouvernements nationaux ne craignent pas de fusiller eux-mêmes leurs « sujets » lorsque ceux-ci revendiquent quelques libertés. Que feraient donc de plus des exploiteurs étrangers? Notre ennemi, c'est notre maître, à quelque nationalité qu'il appartienne !

Quel que soit le prétexte dont on décore ou déguise une déclaration de guerre, il ne peut y avoir, au fond, qu'une question d'intérêt bourgeois : Disputes au sujet de préséance politique, de traités commerciaux ou de l'annexion de pays coloniaux, c'est l'avantage des seuls privilégiés : gouvernants, marchands ou industriels, qui est seul en jeu. Les républicains de l'heure actuelle nous la baillent belle, quand ils nous félicitent de ce que leurs guerres ne se font plus pour des intérêts dynastiques, la République ayant remplacé les rois. L'intérêt de caste a remplacé l'intérêt dynastique, voilà tout; qu'importe au travailleur!

Vainqueurs ou vaincus, nous continuerons à payer l'impôt, à crever de faim en temps de chômage; la borne ou l'hôpital continueront à être le refuge de notre vieillesse, et les bourgeois voudraient que nous nous intéressions à leurs querelles! Qu'avons-nous à y gagner?

Quant à craindre une situation pire, l'arrêt du progrès au cas où une nation disparaîtrait, c'est ne pas se rendre compte de ce que sont les relations internationales aujourd'hui, et la diffusion des idées. On pourrait, aujourd'hui, partager une nation, la diviser, la démembrer, lui enlever son nom, on ne saurait réussir, à moins d'extermination complète, à changer son fond propre qui est la diversité de caractères, de tempéraments, la nature même des races composantes. Et si la guerre était déclarée, toutes ces libertés vraies ou prétendues que l'on prétend être notre apanage, ne tarderaient pas à être suspendues, la propagande socialiste muselée, l'autorité remise au pouvoir militaire, et nous n'aurions plus rien à envier à l'absolutisme le plus complet.

———

La guerre, par conséquent, ne peut rien produire de bon pour les travailleurs; nous n'y avons aucun intérêt d'engagé, rien à y défendre que notre peau;

à nous de la défendre encore mieux en ne nous exposant pas, bêtement, à la faire trouer, pour le plus grand profit de ceux qui nous exploitent et nous gouvernent.

Les bourgeois, eux, ont intérêt à la guerre, elle leur permet de conserver les armées qui tiennent le peuple en respect et défendent leurs institutions, c'est par elle qu'ils imposent les produits de leur industrie, à coups de canon qu'ils s'ouvrent des débouchés nouveaux, seuls ils souscriraient aux emprunts qu'elle nécessite et dont nous, travailleurs, sommes seuls à payer l'intérêt. Que les bourgeois se battent donc eux-mêmes, s'ils le veulent, encore une fois, cela ne nous regarde pas. Et, d'ailleurs, révoltons-nous une bonne fois, mettons en danger l'existence des privilèges des bourgeois, et nous ne tarderons pas à les voir, eux qui nous prêchent le patriotisme, faire appel aux armées de leurs congénères allemands, russes ou de n'importe quel pays. Ils sont comme Voltaire, leur patron ; il ne croyait pas en Dieu, mais jugeait nécessaire une religion pour le bas peuple ; eux, ils ont des frontières entre leurs esclaves, mais ils s'en moquent lorsque leurs intérêts sont en jeu.

———

Il n'y a pas de patrie pour l'homme vraiment digne de ce nom, ou du moins il n'y en a qu'une : c'est celle où il lutte pour le bon droit, celle où il vit, où il a ses affections, mais elle peut s'étendre à

toute la terre. L'humanité ne se divise pas en petits
casiers où chacun se parque dans son coin, en re-
gardant les autres comme des ennemis ; pour l'individu complet tous les hommes sont frères et ont
égal droit de vivre et d'évoluer à leur aise sur cette
terre assez grande et assez féconde pour les nourrir
tous.

Quant à vos patries de convention, les travailleurs n'y ont aucun intérêt, ils n'ont rien à y défendre ; par conséquent, quel que soit le côté de la
frontière où le hasard les ait fait naître, ils ne doivent avoir, pour cela, aucun motif de haine mutuelle ; au lieu de continuer à s'entr'égorger, comme
ils l'ont fait jusqu'à présent, ils doivent se tendre
la main par-dessus les frontières et unir tous leurs
efforts pour faire la guerre à leurs véritables, leurs
seuls ennemis : *l'Autorité et le Capital.*

XII

LE PATRIOTISME DES CLASSES DIRIGEANTES

Nous avons démontré que la Patrie n'était qu'un mot sonore, destiné à amener les travailleurs à défendre un ordre de choses qui les opprime ; nous allons voir si maintenant « l'amour de la patrie, ce sentiment sacré, cet amour du sol, que tout individu porte en soi en naissant » est aussi profondément enraciné en eux qu'ils l'affirment, s'il tient à des causes purement subjectives comme chez les travailleurs, ou bien à des causes purement matérielles, à de vulgaires préoccupations d'intérêts mercantiles ; c'est dans les écrits spécialement publiés par eux et à leur usage, qu'il nous faut aller chercher le fond de leur pensée. Elle est édifiante.

A les entendre — lorsqu'ils s'adressent aux travailleurs — il n'y a rien d'aussi sacré que la patrie ;

chaque citoyen devrait faire le sacrifice de son existence, de sa liberté pour la défense du terri- toire ; d'après eux, enfin, la patrie représente l'in- térêt général au plus haut point ; se sacrifier pour elle, c'est se sacrifier pour les siens et pour soi-même.

Nous n'aurons qu'à fouiller dans leurs traités d'économie politique pour les convaincre de men- songe, pour voir que toutes ces phrases ronflantes, que tous ces sentiments qu'ils étalent, ne sont que des blagues, à l'usage des niais qui s'y laissent prendre, des masques qu'ils ont soin de laisser au vestiaire dans l'intimité.

Voici ce que dit un de leurs docteurs politiques dont l'autorité est officiellement reconnue :

« ... Ce qui maintient artificiellement l'état de guerre parmi les peuples civilisés, *c'est l'intérêt des classes gouvernantes,* c'est la prépondérance qu'elles conservent et dont elles sont précisément redeva- bles à la continuation de l'état de guerre. » (G. de Molinari, *L'Évolution politique au dix-neuvième siècle,* Journal des Economistes, page 71) (1).

Comme on le voit, rien de plus net, et nos bons bourgeois qui déclament si haut contre ces affreux anarchistes, qui ont l'audace de démontrer aux tra- vailleurs que leur intérêt est antagonique à celui de la classe bourgeoise, ne se font pas faute, entre

---

(1) Cet ouvrage a dû paraître en volume depuis sa publication dans le *Journal des Economistes.*

eux, de bien définir cet antagonisme afin de baser leur système gouvernemental.

Mais voici une phrase plus typique encore :

« ... Les motifs ou les prétextes ne manquent pas plus, sous le nouveau régime, qu'ils ne manquaient sous l'ancien, mais sous l'un comme sous l'autre, le vrai mobile de toute guerre c'est *toujours l'intérêt de la classe ou du parti en possession du gouvernement, intérêt qu'il ne faut pas confondre avec celui de la nation ou de la masse des consommateurs politiques;* car, autant la classe ou le parti gouvernant est intéressé à la continuation de l'état de guerre, autant la nation gouvernée l'est au maintien de la paix. » (Le même, p. 70.)

———

Quant aux avantages que la classe gouvernante trouve dans la continuation de l'état de guerre, le même encore va nous le dire :

« La guerre au dehors, implique la paix au dedans, c'est-à-dire, *une période de gouvernement facile,* dans laquelle l'opposition est réduite au silence, *sous peine d'être accusée de complicité avec l'ennemi.* Et quoi de plus désirable, surtout quand l'opposition est tracassière et que ses forces balancent presque celles du gouvernement ! A la vérité, si la guerre est malheureuse, elle entraîne inévitablement la chute du parti qui l'a entreprise. En revanche, si elle est heureuse, et on ne l'entreprend que lorsque on est assuré d'avoir des chances de son côté, le

parti qui l'a engagée et menée à bonne fin *acquiert,
pour quelque temps, une prépondérance écrasante.*
Que de motifs, sans parler des *menus profits* que la
guerre procure, de ne pas laisser échapper une
occasion favorable de la faire. » (Le même, p. 63.)

Quant aux *menus profits*, en voici l'énumération :
« Mais, jusqu'à nos jours, ce sont *les classes inférieures, celles dont l'influence compte le moins*, qui
ont généralement fourni les simples soldats. Les
classes aisées s'en tiraient au moyen d'un sacrifice
d'argent et ce sacrifice, ordinairement très modique,
était compensé et au-delà, par le débouché que l'état
de guerre offrait à leurs membres, auxquels la prohi-
bition des étrangers et l'obligation de passer par des
écoles militaires dont l'accès était, en fait, impossible aux classes pauvres, *conférait le monopole des
emplois rétribués* de la profession des armes. Enfin,
si la guerre est cruelle pour les conscrits qui fournissent, selon l'énergique expression populaire, « la
chair à canon », le départ de ces corvéables enlevés
aux travaux de la ferme ou à l'atelier, en diminuant
l'offre des bras, a pour résultat de faire hausser les
salaires et d'atténuer ainsi, chez ceux qui échappent
au service militaire, l'horreur de la guerre. » (Le
même, p. 68.)

Cela est catégorique ? On voit que « l'amour
sacré », de l'entité-Patrie, n'est plus que l'amour de

l'exploitation et des petits profits, mais l'aveu est complet; il répond victorieusement à ceux qui objecteraient : qu'il y a l'opinion publique avec laquelle les gouvernants sont forcés de compter, qu'une guerre peut être juste et obtenir l'assentiment public; que l'on a tort de déclamer contre la guerre en général, qu'il peut y avoir des cas où les gouvernants s'y trouvent entraînés malgré eux ; que, du reste, la guerre est une conséquence de l'état social actuel; que l'on peut déclamer contre elle, déplorer sa nécessité, mais que l'on est forcé de la subir. Citons toujours :

« ... Cependant, quelles que soient la puissance des hommes qui décident de la paix ou de la guerre, et l'influence de la classe où se recrute l'état-major de la politique, administratif et militaire, ils sont obligés, comme nous venons de le remarquer, de compter, dans une certaine mesure, avec la masse bien autrement nombreuse, dont les intérêts sont engagés dans les différentes branches de la production, pour lesquelles la guerre est une « nuisance » ; l'expérience démontre, toutefois, que la force de résistance de cet élément pacifique, n'est aucunement proportionnée à sa masse. L'immense majorité des hommes qui la composent est absolument ignorante, *et rien n'est plus facile que d'exciter ses passions et de l'égarer sur ses intérêts.* La minorité éclairée est peu nombreuse, et d'ailleurs, quels moyens aurait-elle de faire prévaloir son opinion en présence de la puissante organisation de l'Etat centralisé ? » (Le même, p. 68.)

Ainsi, nos bourgeois ne s'en cachent pas, ils ne voient, dans la guerre, qu'un moyen de continuer leur exploitation des travailleurs; les tueries qu'ils organisent, leur servent à se débarrasser du trop-plein qui encombre le marché; pour eux, les armées ne sont faites qu'en vue de fournir une place et des grades à ceux des leurs dont ils seraient assaillis autrement ; pour eux enfin, ces guerres qu'ils appellent pompeusement nationales, en faisant vibrer, aux oreilles des naïfs, les grands mots creux de Patrie, de patriotisme, d'honneur national, etc., pour eux, ces guerres ne sont que prétextes à « menus profits ».

Guerres à « menus profits », toutes ces guerres que l'on entreprend, soit au nom de la Patrie! soit au nom de la Civilisation!! car, maintenant que le patriotisme commence à décroître, on se sert beaucoup de ce mot nouveau pour lancer les travailleurs contre les populations inoffensives que l'on veut exploiter et dont le seul tort est d'être venues trop tard au degré de développement de ce que l'on est convenu d'appeler la civilisation actuelle.

C'est, soi-disant, pour punir une bande de pillards imaginaires et assurer la prépondérance nationale, que l'on entreprend des guerres comme l'expédition de Tunisie, tandis que le but réel est

d'ouvrir un pays neuf aux véreuses opérations
financières de quelques louches tripoteurs ; c'est
pour assurer le champ libre à ces écumeurs de la
haute banque que l'on dépense, en armements,
l'argent arraché par l'impôt aux travailleurs ; c'est
pour réaliser de « menus profits » dans les places
que l'on créera dans les pays conquis que l'on
ouvre, à coups de canon, ces débouchés nouveaux
qui permettent à la bourgeoisie d'écouler tous ses
fruits secs, que l'on stérilise toute une robuste jeunesse, que l'on envoie une foule des jeunes gens périr sous un climat meurtrier ou se faire massacrer
par des gens qui, après tout, sont chez eux et défendent ce qui leur appartient.

Guerres à « menus profits », ces expéditions au
Sénégal, au Tonkin, au Congo, à Madagascar, entreprises toujours au nom de la civilisation qui n'a
rien à voir dans ces expéditions, qui sont un brigandage pur et simple. On exalte le patriotisme chez
soi et l'on fusille, on décapite, sous le nom de brigands ou de pirates, ceux qui ne sont coupables que
d'avoir défendu le sol sur lequel ils vivent, ou de
s'être révoltés contre ceux qui se sont établis en
maîtres chez eux pour les exploiter et les asservir.

Mais nous aurons à revenir sur cette question,
dans le chapitre spécial sur la *colonisation :* bornons-
nous, pour l'instant, au patriotisme des dirigeants.
Les derniers événements l'ont mis à nu dans toute

sa hideuse réalité. Nos secrets d'armement et de défense livrés avec la complicité d'employés des bureaux du ministère de la Guerre; les tripotages les plus éhontés s'opérant dans ce gouffre à milliards, au détriment de la bourse des contribuables et de la sécurité du pays. Le gouvernement, au lieu de faire poursuivre les coupables, cherchant à les couvrir (1) et à jeter un voile sur les turpitudes les plus éhontées. Nous voyons les grands industriels métallurgistes — députés pour la plupart, ayant à la tête de leur personnel d'anciens officiers — se faire les fournisseurs d'armes, de canons, de navires blindés, de poudres et autres explosifs, des nations étrangères, et leur livrer les engins les plus nouveaux, sans s'inquiéter s'ils ne serviront pas un jour contre notre armée, et ne contribueront pas à massacrer ceux de nos compatriotes, qu'en leur qualité de gouvernants, ils enverront se faire trouer la peau à la frontière. N'est-ce pas la haute pègre internationale des banquiers juifs et chrétiens qui possède nos chemins de fers, qui a la clef de nos arsenaux, qui a le monopole de nos approvisionnements? O bourgeois, ne nous parlez donc plus de votre patriotisme. Si vous pouviez morceler votre pays et le vendre par actions, vous vous empresseriez de le faire.

(1) Lire sur ce sujet *La France politique et sociale en 1891* de MM. Hamon et G. Bachot, ainsi que *Ministère et Mélinite*, des mêmes auteurs.

Qu'avez-vous fait, en 71, dans la guerre franco-
allemande qui s'est terminée pour nous, comme
chacun sait, par une contribution de cinq milliards? Qui avait intérêt à payer cette contribution, si ce n'est la bourgeoisie seule, afin de rester
seule maîtresse dans l'exploitation du pays. Or,
pour payer cette contribution, sur qui a-t-on tiré à
vue? sur les travailleurs. On a fait un emprunt dont
le remboursement était garanti par les impôts que
l'on devait établir, et que les travailleurs sont les
seuls à payer, puisque seuls ils travaillent, et que
le travail seul est productif de richesse.

Admirons ici le tour de passe-passe ; la bourgeoisie ayant à payer la rançon de guerre, pour
écarter du pouvoir les Prussiens et empocher elle-
même les impôts, a dû emprunter l'argent nécessaire à payer la rançon ; mais comme cet argent
n'était pas disponible dans la poche des travailleurs
faméliques, les bourgeois seuls ont pu souscrire à
l'emprunt, se prêtant ainsi à eux-mêmes l'argent
dont ils avaient besoin. Seulement les travailleurs
seuls devront peiner pendant quatre-vingt dix-neuf
ans pour rembourser cet emprunt — capital et intérêts — qui n'est jamais entré dans leurs poches.
Voilà le patriotisme bourgeois dans toute sa splen-
deur ! — Que l'on vienne nier après cela que la
vertu n'est jamais récompensée !

XIII

LE MILITARISME

Impossible de parler de la Patrie et du Patriotisme, sans toucher à cette plaie affreuse de l'humanité : le militarisme.

En étudiant les débuts de l'humanité et la marche
de son évolution, nous avons vu que la caste guerrière avait été une des premières à se constituer et
à asseoir son autorité sur les autres membres du
clan ou de la tribu. Un peu plus tard, la caste se
divisa elle-même en chefs et en simples guerriers,
comme un premier pas en avant avait scindé la
tribu en guerriers et non-guerriers ; tous les membres du clan devant être, au début, tous guerriers
quand il en était besoin.

Nous ignorons si l'humanité a suivi régulière-
ment cette marche progressive ; c'est-à-dire, si elle

a passé sucessivement par les trois stades : chasseur, pasteur, et enfin agriculteur. Qu'elle ait débuté
par la chasse et la pêche, la cueillette des plantes
et des fruits sauvages, cela ne fait aucun doute.
Quant à savoir si de ce stade les populations ont
passé au stade pastoral, puis au stade agricole,
d'une façon aussi suivie que l'on passe ses degrés
de bachot dans l'enseignement des sciences et des
lettres, cela n'est pas aussi assuré.

Nous croyons plutôt que ces différentes façons de
se procurer la nourriture ont dû se combiner selon
les ressources de la région. Tel peuple chasseur a
bien pu continuer à vivre principalement de chasse,
tout en ayant trouvé le moyen de cultiver une plante
alimentaire quelconque, avant d'avoir eu des animaux domestiques.

———

Mais, quoi qu'il en soit, ce qui est certain, c'est
que la caste guerrière a su demeurer prépondérante, et conserver une bonne part de pouvoir,
même lorsqu'elle était forcée de le partager, et elle
est restée le plus ferme soutien de ceux qui s'y sont
succédé.

Tant qu'elle est restée caste fermée, se recrutant
dans son sein, faisant la guerre pour son propre
compte, la population souffrait bien de ses dépréda-
tions, l'homme d'armes ne se gênant pas de prendre
chez le paysan ce qui était à sa convenance, mais
une fois la dîme payée, et s'il n'avait pas de troupes

ni de château-fort dans son voisinage, le paysan
pouvait espérer un peu de répit; en tout cas, il
n'était pas contraint de fournir les plus belles
années de son existence pour aller renforcer les
bataillons de ses exploiteurs.

Il vint cependant une époque où les seigneurs
commencèrent à armer les paysans de leurs terres,
dans les cas de besoins pressants. Puis on attira,
au moyen d'une prime ou par stratagèmes, ceux
que l'on voulait enrôler dans les armées du roi ;
mais il appartenait à la bourgeoisie de se décharger
entièrement sur ses esclaves du soin de la défendre.
C'est elle qui a perfectionné le système, en forçant
les travailleurs à fournir un certain temps de leur
jeunesse à la défense de leurs maîtres. Mais, comme
elle ne pouvait, sans danger, leur mettre des armes
dans les mains et leur dire : « Défendez-moi, pendant que je jouis », elle inventa le culte de la Patrie.

Et c'est à l'aide de ce mensonge qu'elle a pu
amener les travailleurs à subir, pendant si longtemps, sans discuter, cet impôt du sang ; c'est à
l'aide de ce sophisme, qu'à de nombreuses générations elle a pu enlever la portion la plus forte et la
plus saine de leur jeunesse, l'envoyer pourrir moralement et physiquement dans les bagnes que l'on
appelle casernes, sans que personne songeât à re-
gimber et à s'y soustraire, sans qu'une voix s'élevât
pour s'enquérir de quel droit on venait demander

aux individus de se changer, pendant sept, cinq et
en dernier ressort, trois ans, de se changer, disons-
nous, en automates, en machines à tuer et en chair
à canon.

———

Et cependant il y a eu des protestations, il y en a
toujours eu; la désertion et l'insoumission durent
naître avec l'institution des armées permanentes,
mais ces actes n'étaient guère raisonnés : le déser-
teur, l'insoumis, n'en appelait pas au strict droit
individuel, ils ne furent sans doute dus qu'à des ré-
pugnances personnelles qui ne devaient même pas
prendre la peine de s'analyser.

Allons plus loin. Les protestations qui s'éle-
vaient, dans la littérature, contre la guerre et le
militarisme, ne furent guère que des explosions de
sentiments et nullement ou très peu appuyées sur
des déductions logiques basées sur la nature humaine et le droit individuel.

L'armée! la patrie! mais la bourgeoisie et les
lettrés ses thuriféraires avaient tellement entonné
de louanges en leur honneur, entassé tant de sophismes et de mensonges en leur faveur, qu'ils
étaient arrivés à les faire voir parées de toutes les
qualités dont ils les avaient ornées, que personne
n'osait mettre en doute l'existence desdites qualités;
on posait en fait que l'armée est le réservoir de
toutes les qualités, de toutes les vertus civiques.
Pas de roman où l'on ne rencontrât le portrait du

« vieux brave », modèle de loyauté et de probité, attaché à son vieux général, dont il avait été le brosseur, le suivant dans toutes les péripéties de son existence, l'aidant à traverser les embûches que lui tendaient des ennemis invisibles, et, finalement, donnant sa vie pour sauver celle de ses maîtres, ou bien — pour changer — sauvant l'orphelin, le cachant et l'élevant en en faisant un héros et lui donnant les moyens de rentrer dans la fortune que lui avaient dérobée les ennemis de sa famille.

Il faut voir comment les poètes exaltaient le courage des braves troupiers ; l'honneur militaire, le dévouement, la fidélité, la loyauté, étaient leurs moindres vertus. Il a fallu que la bourgeoisie commît cette énorme bévue de forcer tous les individus à passer un temps plus ou moins long sous ses drapeaux pour qu'on vît que, sous les oripeaux brillants dont les littérateurs et les poètes s'étaient complu à couvrir l'idole, il ne se cachait que des infamies et de la pourriture. Le volontariat d'un an et les vingt-huit jours ont plus fait contre le militarisme que tout ce que l'on avait pu dire précédemment contre lui.

———

Aussi longtemps que les travailleurs avaient été les seuls à sacrifier leur jeunesse, à s'abrutir à la caserne, tant que, dans le public, on n'a connu, de l'armée, que sa mise en scène, l'éclat de ses cuivres, le roulement des tambours, l'or de ses galonnés, le claquement du drapeau au vent, le fracas des armes, toute l'apothéose enfin dont on l'entoure quand on la montre au peuple, littérateurs et poètes ont contribué dans leurs œuvres à élargir cette apothéose, à apporter leur part de mensonges à la glorification du monstre.

Mais du jour où ils ont été mis à même d'étudier de près l'institution, quand il leur a fallu se courber sous la discipline abrutissante, quand il leur a fallu supporter les rebuffades et les grossièretés des galonnés, à partir de ce moment le respect s'en est allé ; ils ont commencé à arracher le masque de l'infâme, ils ont soufflé sur les vertus dont leurs devanciers s'étaient plus à le parer, et le soldat — y compris l'officier — a commencé à faire son entrée dans le public sous ses véritables traits, c'est-à-dire ceux d'une brute alcoolique, d'une machine inconsciente.

Ah ! il faut y avoir séjourné dans cet enfer pour comprendre tout ce que peut y souffrir un homme de cœur, il faut avoir endossé l'uniforme pour savoir tout ce qu'il recouvre de bassesse et d'idiotie.

———

Un fois immatriculé, vous n'êtes plus un homme, mais un automate tenu d'obéir, au doigt et à l'œil, à celui qui commande. Vous avez un fusil dans les mains, mais vous devez subir, sans broncher, les grossièretés du galonné qui décharge sur vous sa mauvaise humeur ou les fumées de l'alcool qu'il a

absorbé. Pas un geste, pas une parole, vous pourriez les payer de votre vie entière ou de plusieurs
années de votre liberté. On aura, du reste, soin de
vous lire tous les samedis le Code pénal, dont le re-
frain : mort ! mort ! vous hantera le cerveau à
chaque fois que les instincts de rébellion se heur-
teront sous votre crâne.

Mais ce qui vous exaspère le plus, ce sont les
mille et une minuties du métier, les tatillonne-
ments, les tracasseries du règlement. Et pour le
gradé qui vous en veut, ou qui, sans vous en vouloir, n'est seulement qu'une brute inconsciente,
c'est cinquante fois par jour que naîtront les occasions de vous mettre en defaut, de vous faire subir
les vexations de toute sorte que sa bêtise trouvera
plaisir à vous infliger : A l'appel, pour une courroie
mal astiquée, un bouton plus terne que les autres,
des bretelles que vous aurez oublié de mettre, ce
sont des engueulades, de la salle de police et des
inspections à repasser à n'en plus finir; vous êtes
inspecté sur toutes les coutures, jusqu'à vous faire
ouvrir vos vêtements pour inspecter votre linge de
dessous.

A la chambrée, c'est autre chose ; un lit mal
d'aplomb, engueulade ; « les lits carrés comme des
billards », est une expression horripilante qui vous
est cornée à chaque instant aux oreilles et que connaissent bien ceux qui ont traversé la caserne ; des
effets mal placés sur la planche, engueulade tou-

jours ; mais le comble de l'art, c'est de vous faire cirer la semelle des souliers de rechange pendus au mur au-dessus de la tête de votre lit, en exigeant que les têtes de clous ressortent sans aucune tache de cirage !

Et les revues ! ça n'en finit plus. Les samedis, revue d'armes avec, toujours, les mêmes observations et les épithètes de sale soldat, espèce de cochon et autres aménités. Pour varier, vous avez les visites de propreté où votre capitaine s'assure si vous avez les bras et les pieds propres. Tous les mois, il y a mieux, c'est la visite dite sanitaire ; là, c'est les profondeurs les plus intimes que le charcutier du régiment vous examine. Ayez des délicatesses de sentiments, à l'armée on s'en fout ; vos délicatesses ne tarderont pas à être broyées sous l'ignoble patte de ceux qui vous commandent.

L'armée est l'école de l'égalité, nous disent les soudoyés de la bourgeoisie : l'égalité dans l'abrutissement, oui, mais ce n'est pas cette égalité que nous voulons.

Mais les revues continuent : tous les trois ou six mois, je ne me rappelle plus, c'est celle d'un intendant quelconque. Tous les ans, l'inspection générale par le divisionnaire.

Dans la quinzaine qui précède, branle-bas à la caserne. On fait nettoyer les locaux, les cuisines. Pour vous distraire, un jour vous avez revue du sergent de semaine, le lendemain, revue de l'officier de section, revue de capitaine, du commandant, du colonel, cela n'en finit plus.

A chacune de ces revues, il faut que vous installiez votre fourbi sur votre lit : D'abord un mouchoir — qui est religieusement conservé pour ces occasions — que vous étendez délicatement sur votre lit ; sur ce mouchoir, il faut installer vos brosses, vos godillots de rechange, votre caleçon — que l'on ne sort guère également que ces jours-là — une chemise roulée d'une certaine façon et d'une certaine longueur, votre bonnet de nuit, votre boîte à graisse, votre fiole à tripoli, un étui à aiguilles, du fil et des ciseaux.

Pour que cette installation soit faite dans les règles, des pancartes illustrées sont placardées dans les chambrées, qu'il faut consulter à chaque instant pour bien savoir la place de la brosse à patience, de la fiole à tripoli ou de tout autre objet aussi important ; car il faut avoir grand soin de bien mettre chaque objet à sa place, sinon vous ne tarderiez pas à entendre éclater à vos oreilles une tempête d'imprécations vomies par celui de vos chefs qui s'apercevrait de l'irrégularité ; sachez que la peine de mort ne serait pas trop forte pour expier une semblable négligence. Horreur ! abomination de la désolation ! une fiole de tripoli à la place d'une boîte à graisse, ce serait la ruine de la France si le général venait à s'en apercevoir.

Nous avons parlé du comble de l'art; mais c'est ici le sublime que l'on atteint, en vous faisant cirer les pieds de lit! (1)

———

C'est là, dans ces revues présidées par un général, que se révèle la servilité des officiers subalternes et même des supérieurs. Dès que le général est signalé, vous voyez ces officiers, si arrogants devant le pauvre diable de pioupiou, se faire petits, se ranger bien humblement derrière le général qui, lui, se redresse, — quand il n'est pas cassé par le gâtisme, — fier comme Artaban. Et ces yeux furibonds-foudroyant le misérable qui vient de donner prise à une observation du grand chef! Horrible! tous les officiers sont sens dessus dessous : voilà un troupier auquel il manque une aiguille, ou qui, ayant oublié que la quinzaine était finie de la veille, a boutonné sa capote à gauche quand il fallait la boutonner à droite. Le colonel en bégaie de fureur, le commandant en craque dans sa tunique, le capitaine est vert de frayeur; le caporal seul ne dit rien : il sait que tout ce monde-là, à partir du sergent, va lui retomber sur le poil. Son affaire est claire; il

———

(1) Le cirage joue un grand rôle dans l'armée. Cela nous rappelle un officier d'une compagnie d'infanterie de marine qui fit annoncer à ses hommes qu'ayant du boni à l'ordinaire, on allait augmenter les vivres : dès le lendemain, il devait leur faire toucher... du cirage et de l'encaustique!

est vrai qu'à son tour, il se vengera sur le délin-
quant.

———

Entre temps, quand il n'y a pas de revue en pers-
pective, ordinairement le samedi, après midi, afin
de vous désennuyer, on sonne la corvée de quar-
tier; elle consiste à vous faire promener dans la
cour de la caserne, à vous faire ramasser en tas les
pierres et les cailloux qui peuvent s'y trouver. Après
une heure de cet agréable passe-temps, vous remon-
tez dans les chambres; les petits tas de cailloux sont
dispersés par les allées et venues des passants de la
semaine, et vous recommencez le samedi suivant.
Le métier militaire a de ces petites distractions tout
à fait spirituelles.

Et lorsque le soir, après des journées si remplies,
vous éprouvez le besoin de causer avec vos compagnons de chaîne, leur conversation n'est pas faite
pour vous relever le moral et vous inspirer de
grandes pensées. Vous apercevez un groupe où l'on
rit à se tordre; vous vous approchez, vous imaginant entendre des choses spirituelles... C'est un
idiot qui remâche des gravelures qui ne sont ni
neuves ni dites avec esprit. Vous vous retournez,
écœuré; vous tombez dans un autre groupe d'abrutis qui bavent de jouissance rien qu'en rappelant les
saoûleries qu'ils ont prises, ou à la pensée de la
cuite qu'ils vont se fourrer lorsque la carotte qu'ils

ont tirée aux parents aura réussi à amener une
pièce de cent sous ou deux.

———

Soulographie et débauche crapuleuse : n'essayez
pas de sortir de là, ils ne vous comprendront pas. Il
n'existe plus rien en dehors de ces deux jouissances :
Étonnez-vous, après cela, qu'après trois ans de ce
régime, il sorte de la caserne tant d'individus capables de faire des gendarmes et des policiers. L'armée n'est qu'une école de démoralisation ; elle ne
peut produire que des mouchards, des fainéants et
des ivrognes. Bien petit est le nombre de ceux qui
résistent à ces trois années d'abrutissement, et ils
n'y résistent pas si complètement qu'ils n'en gardent
quelques vestiges pendant longtemps encore, après
en être sortis.

Oh! cette discipline brutale et abjecte, ce qu'elle
vous brise un homme, lui broie le cerveau, lui dé-
forme le caractère, détruit sa volonté! Horrible machine à abrutir, à laquelle vous donnez un jeune
homme qui ne demande qu'à s'épanouir aux sentiments du Beau et du Vrai, dont l'énergie pourrait
se développer dans la lutte de tous les jours, pour
la vie; dont l'intellectualité pourrait s'élargir sous
la pression du savoir déjà acquis et du besoin de
savoir encore plus, la discipline lui met une chape
de plomb qui lui comprimera et lui rétrécira le cerveau tous les jours; jusqu'aux battements de son
cœur dont elle ralentira le rythme. Après l'avoir

broyé pendant trois ans sous les multiples engrenages de sa hiérarchie, elle vous rendra une loque
informe, si elle ne l'a pas dévorée complètement.

Nous avons vu, bourgeois féroces, que cette Patrie
dont vous vouliez nous faire les défenseurs n'était
que l'organisation de vos privilèges ; ce militarisme,
que vous enseignez être un devoir auquel tous doivent se conformer, n'est institué que pour votre
seule défense, dont vous laissez retomber tout le
poids sur ceux contre qui elle est dirigée, vous four-
nissant par-dessus le marché l'occasion de faire
tomber grades, honneurs et traitements sur ceux
des vôtres incapables de remplir d'autres fonctions
plus relevées, en même temps que ces grades et
traitements servent d'appât aux ambitions mal-
saines de ceux qui abandonnent la classe d'où ils
sont sortis pour se faire vos garde-chiourme.

Que nous importent votre Patrie, vos frontières
et vos délimitations arbitraires de peuples! Votre
Patrie nous exploite, vos frontières nous étouffent,
vos nationalités nous sont étrangères. Nous sommes
des hommes, citoyens de l'univers; tous les hommes
sont nos frères : nos seuls ennemis sont nos maîtres, ceux qui nous exploitent, nous empêchent d'é-
voluer librement, de nous développer dans toute la
plénitude de nos forces. Nous ne voulons plus vous
servir de jouets, nous ne voulons plus nous faire les
défenseurs de vos priviléges, nous ne voulons plus

nous laisser imposer la livrée dégradante de votre militarisme, le joug abrutissant de votre discipline. Nous ne voulons plus courber la tête, nous voulons être libres.

———

Et vous, pauvres diables destinés à tomber sous le coup de la loi militaire, et qui lisez, dans les journaux, le récit des injustices commises tous les jours au nom de la discipline, qui n'êtes pas sans entendre raconter de temps à autre les infamies dont sont victimes ceux qui ont été assez niais pour se laisser enrôler, ne ferez-vous pas quelques réflexions sur la vie qui vous attend à la caserne? Et vous tous, qui n'aviez, jusqu'ici, jamais entrevu la vie militaire qu'à travers la fumée de l'encens que lui brûlent les poètes, ne comprendrez-vous pas toute la rouerie de ces écrivains bourgeois qui ont célébré sur tous les tons les vertus militaires! l'honneur du soldat!! et la dignité guerrière!!! Allez, pauvres diables qui, en vertu de ce mot : « Patrie », ou de la peur du conseil de guerre, allez flétrir les plus belles années de votre jeunesse dans ces écoles de corruption que l'on appelle casernes. Allez, et sachez le sort qui vous attend.

Si vous voulez finir votre temps de service sans accidents, laissez dans vos habits de civil tout instinct de dignité personnelle; refoulez au plus profond de votre cœur tout sentiment d'indépendance : les *vertus* et l'*honneur militaire* exigent que vous ne soyez plus que des machines à tuer, que des brutes passives; car, si vous aviez maladroitement conservé au fond du cœur, sous la livrée dont on vous revêtira, le moindre grain de fierté, cela pourrait vous être fatal.

———

S'il plaît à un soudard ivre de vous insulter, et qu'il ait des galons sur les bras, cachez bien les crispations qui, malgré vous, tordront vos muscles sous l'insulte; la main que vous aurez levée pour la faire retomber à plat sur la face de l'insulteur, portez-la militairement à la hauteur de votre visière pour saluer. Si vous ouvrez la bouche pour répondre à l'insulte ou à la menace, ne la refermez que pour dire : « Brigadier, vous avez raison. » Et encore, non ; le geste, la parole, le moindre signe d'émotion pourraient être interprétés comme une ironie et vous attirer une punition pour manque de respect à vos supérieurs. Quelle que soit l'insulte, quel que soit l'outrage, il faut vous raidir contre la colère qui vous porte à réagir; il faut rester insensible, calme, inerte! La main dans le rang, les talons rapprochés! Allons, c'est bien. Vous restez impassible sous l'injure? Vous ne bronchez pas? — Non. — A la bonne heure, au moins; vous voilà de bons soldats. Voilà ce que la Patrie réclame de ses défenseurs.

———

« Mais, direz-vous, s'il nous est impossible de rester calmes? Si, malgré nous, le sang nous monte au cerveau, nous faisant « voir rouge? »

Alors, il n'y a qu'un moyen : c'est de ne pas mettre les pieds dans ce bagne, d'où vous ne devez sortir qu'avilis, abrutis, corrompus. Si vous voulez rester hommes, ne soyez pas soldats; si vous ne savez pas digérer les humiliations, n'endossez pas l'uniforme. Mais, pourtant, si vous avez commis l'imprudence de le revêtir, et qu'un jour vous vous trouviez dans cette situation de ne pouvoir vous contenir sous l'indignation... n'insultez ni ne frappez vos supérieurs...!

... Crevez-leur la peau : vous n'en paierez pas davantage.

XIV

LA COLONISATION

La colonisation prend trop d'extension, à notre époque, pour que nous ne traitions pas à part, dans ce livre, ce produit hybride du patriotisme et du mercantilisme combinés — brigandage et vol à main armée, à l'usage des dirigeants.

Un particulier pénètre chez son voisin, il brise tout ce qui lui tombe sous la main, fait main basse sur ce qui se trouve à sa convenance, c'est un criminel ; la « Société » le condamne. Mais qu'un gouvernement se trouve acculé à une situation intérieure où un *dérivatif* extérieur soit devenu nécessaire, qu'il soit encombré chez lui de bras inoccupés dont il ne sait comment se débarrasser, de produits qu'il ne sait comment écouler, que ce gouvernement aille porter la guerre chez des populations lointaines, qu'il sait trop faibles pour pouvoir lui résister, qu'il s'empare de leur pays, les soumette à tout un système d'exploitation, leur impose ses produits, les massacre si elles tentent de se soustraire à l'exploitation qu'il fait peser sur elles, oh ! alors, ceci est moral ! Du moment que l'on opère en grand, cela mérite l'approbation des honnêtes gens, cela ne s'appelle plus vol ni assassinat, il y a un mot honnête pour couvrir les malhonnêtes choses que la société commet, on appelle ça « civiliser » les populations arriérées !

———

Et que l'on ne crie pas à l'exagération ! Un peuple n'est réputé colonisateur que quand il a su tirer, d'une contrée, le maximum des produits qu'elle peut rendre. Ainsi, l'Angleterre est un pays colonisateur, parce qu'elle sait faire *rendre* à ses colonies le bien-être pour ceux qu'elle y envoie, qu'elle sait faire rentrer dans ses coffres les impôts dont elle les frappe. Dans les Indes, par exemple, ceux qu'elle y envoie font des fortunes colossales ; le pays, il est vrai, est bien ravagé de temps à autre par des famines épouvantables, qui déciment des centaines de milliers d'hommes, qu'importent les détails, si John Bull peut y écouler ses produits manufacturés, en tirer, pour son bien-être, ce que le sol de la Grande-Bretagne ne peut lui fournir. Ce sont les bienfaits de la civilisation !

En France, c'est autre chose, on n'est pas coloni-

sateur. Oh ! rassurez-vous, cela ne veut pas dire
que l'on soit moins brigand, que les populations
conquises soient moins exploitées, non ; seulement,
on est moins *pratique*. Au lieu d'étudier les populations que l'on conquiert, on les livre aux fantaisies
du sabre, on les soumet au régime de la « Mère-
Patrie » ; si les populations ne peuvent s'y plier,
tant pis pour elles, elles disparaîtront petit à petit,
sous l'action débilitante d'une administration à laquelle elles n'étaient pas habituées, qu'importe ? Si
elles se révoltent, on leur fera la chasse, on les
traquera comme des fauves, le pillage sera alors
non seulement toléré, mais commode, cela s'appel-
lera une *razzia*.

La bête féroce que l'on élève et entretient sous le
nom de soldat, est lâchée sur des populations inoffensives ; elles se voient livrées à tous les excès que
pourront imaginer ces brutes déchaînées : on viole
les femmes, on égorge les enfants, des villages sont
livrés aux flammes, des populations entières sont
chassées dans la plaine où elles périront fatalement
de misère. Ce n'est rien que cela, laissez passer,
c'est une nation policée, qui porte la civilisation
chez les sauvages !

———

Certes, à bien examiner ce qui se passe tous les
jours autour de nous, tout cela n'a rien d'illogique
ni d'anormal ; c'est bien le fait de l'organisation
actuelle ; rien d'étonnant à ce que ces *hauts faits*

d'armes obtiennent l'assentiment et les applaudissements du monde bourgeois. La bourgeoisie est intéressée à ces coups de brigandage, ils lui servent de prétexte à entretenir des armées permanentes, cela occupe les prétoriens qui vont, dans ces tueries, se faire la main pour un *travail* plus sérieux ; ces armées elles-mêmes servent de débouché à toute une série d'idiots et de non-valeurs dont elle serait fort embarrassée et qui, au moyen de quelques mètres de galons, deviennent ses plus enragés souteneurs. Ces conquêtes lui facilitent toute une série de tripotages financiers, au moyen desquels elle écumera l'épargne des gogos à la recherche des entreprises véreuses, elle accaparera les terrains volés aux vaincus ; ces guerres occasionnent des tueries de travailleurs dont le trop-plein la gêne chez elle. Les pays conquis ayant *besoin* d'une administration, nouveau débouché à toute une armée de budgétivores et d'ambitieux qu'elle attache ainsi à son char, tandis qu'inemployés, ils pourraient la gêner sur sa route.

Plus encore, ce sont des populations à exploiter, qu'elle pourra courber sous le travail, auxquelles elle pourra imposer ses produits, qu'elle pourra décimer sans avoir à en rendre compte à personne. En vue de ces avantages, la bourgeoisie n'a donc pas à hésiter, et la bourgeoisie française l'a tellement bien compris qu'elle vient de se lancer à toute vapeur dans les entreprises coloniales.

Mais, ce qui nous étonne, ce qui nous écœure, c'est qu'il y ait encore des travailleurs qui approuvent ces infamies, ne ressentent aucun remords de prêter la main à ces canailleries, et n'aient pas compris cette injustice flagrante de massacrer des populations chez elles, pour les plier à un genre de vie qui n'est pas le leur. Oh ! nous connaissons les réponses toutes faites qu'il est d'usage de débiter lorsqu'on s'indigne des faits trop criants : « Ils se sont révoltés, ils ont tué des nôtres, nous ne pouvons pas supporter cela... Ce sont des sauvages, il faut les civiliser... Les besoins du commerce l'exigent... Oui, peut-être, on a eu tort d'aller chez eux, mais les colonies nous ont trop coûté d'hommes et d'argent pour les abandonner, etc., etc. »

« Ils se sont révoltés, ils ont tué des nôtres », eh bien ! après ? Qu'allait-on chercher chez eux ? Que ne les laissait-on tranquilles ? Est-ce qu'ils sont venus nous demander quelque chose ? On a voulu leur imposer des lois qu'ils ne veulent pas accepter, ils se révoltent, ils font bien, tant pis pour ceux qui périssent dans la lutte, ils n'avaient qu'à ne pas prêter la main à ces infamies.

« Ce sont des sauvages, il faut les civiliser ». Que l'on prenne l'histoire des conquêtes et que l'on nous dise après, quels sont les plus sauvages, de ceux que l'on qualifie de la sorte ou des « civilisés » ? Quels sont ceux qui auraient le plus besoin d'être *civilisés*, des conquérants ou des populations inoffensives qui, la plupart du temps, ont accueilli les envahisseurs à bras ouverts, et, pour prix de leurs avances, en ont été torturés, décimés ? Prenez l'histoire des conquêtes de l'Amérique par l'Espagne, des Indes par l'Angleterre, de l'Afrique, de la Cochinchine et du Tonkin par la France, et venez après, nous vanter la civilisation ! Bien entendu, dans ces historiques, vous n'y trouverez que les « grands faits » qui, par leur importance, ont laissé une trace dans l'histoire, mais s'il fallait vous faire le tableau de tous les « petits faits » dont ils se composent, et qui passent inaperçus, s'il fallait mettre à jour toutes les turpitudes qui disparaissent dans la masse imposante des faits principaux, que serait-ce alors ? On reculerait écœuré devant ces monstruosités.

Nous avons, pour notre part, — ayant passé quelque temps dans l'infanterie de marine, — entendu raconter une foule de scènes qui prouvent que le soldat qui arrive dans un pays conquis s'y considère, par le fait, comme un maître absolu ; pour lui, les populations sont des bêtes de somme qu'il peut faire mouvoir à son gré ; il a droit de prise sur tout objet à sa convenance, malheur à l'indigène qui voudra s'y opposer, il ne tardera pas à apprendre que la loi du sabre est la seule loi ; l'institution qui défend la Propriété en Europe, ne la reconnaît pas sous une autre latitude. Le soldat, en cela, est encouragé par les officiers qui prêchent d'exemple, par l'administration qui lui met la trique en main pour surveiller les indigènes qu'elle emploie à ses travaux.

Que de faits répugnants, vous sont racontés là, naïvement, comme choses très naturelles, et, lorsque, par hasard, — si l'indigène s'est révolté, a tué celui ou ceux qui l'opprimaient — vous dites qu'il a bien fait, il faut entendre les cris de stupeur qui accueillent votre réponse : Comment? puisque nous sommes les maîtres, puisque l'on nous commande, il faut bien nous faire obéir; si on les laissait faire, ils se révolteraient tous, ils nous chasseraient. Après avoir dépensé tant d'argent et tant d'hommes, la France perdrait le pays, elle n'aurait plus de colonies !

Voilà où la discipline et l'abrutissement militaires amènent l'esprit des travailleurs; ils subissent les mêmes injustices, les mêmes turpitudes qu'ils aident à faire peser sur les autres; et ils ne sentent plus l'ignominie de leur conduite, ils en viennent à servir, inconsciemment, d'instruments au despotisme, à se vanter de ce rôle, à ne plus en comprendre toute la bassesse et l'infamie.

———

Quant aux besoins du commerce, voilà bien le vrai motif; messieurs les bourgeois s'étant embarrassés de produits qu'ils ne savent comment écouler, ils ne trouvent rien de mieux que d'aller déclarer la guerre à de pauvres diables, impuissants à se défendre, pour leur imposer ces produits. Certes, il serait facile de s'entendre avec eux, on pourrait trafiquer par la voie des échanges, même en n'étant pas très ferrés sur la valeur des objets ; ceux-ci n'ayant, pour eux, de valeur qu'autant qu'ils leur tirent l'œil, il serait facile de les « enfoncer » et de réaliser de beaux bénéfices ; n'en était-il pas ainsi avant que l'on pénétrât dans le continent noir? n'était-on pas, par l'intermédiaire des peuplades de la côte, en relation avec les peuplades de l'intérieur? N'en tirait-on pas déjà les produits que l'on en tire à présent?

Oui, cela est possible, cela a été, mais voilà le diable! pour opérer de la sorte, il faut du temps, de la patience, impossible d'opérer en grand, il faut compter avec la concurrence : « Le commerce a besoin qu'on le protège ! » On sait ce que cela veut dire : vite, deux ou trois cuirassés en marche, une demi-douzaine de canonnières, un corps de troupes de débarquement, saluez, la civilisation va faire son œuvre! Nous avons pris une population forte, robuste et saine, dans quarante ou cinquante années d'ici nous vous rendrons un troupeau anémié, abruti, misérable, décimé, corrompu, qui en aura pour très peu de temps à disparaître de la surface du globe. Alors sera complète l'œuvre civilisatrice !

———

Si l'on doutait de ce que nous avançons, que l'on prenne les récits des voyageurs, qu'on lise la description des pays où les Européens se sont installés par droit de conquête, partout la population s'amoindrit et disparaît, partout, l'ivrognerie, la syphilis et autres importations européennes les fauchent à grands coups, atrophient et anémient ceux qui survivent. Et, peut-il en être autrement? Non, étant donnés les moyens que l'on emploie. Voilà des populations qui avaient un autre genre de vie que nous, d'autres aptitudes, d'autres besoins; au lieu d'étudier ces aptitudes et ces besoins, de chercher à les adapter à notre civilisation, graduellement, insensiblement, en ne leur demandant de prendre, de cette civilisation, que ce qu'ils pouvaient s'assimiler, on a voulu les plier d'un coup; on a tout rompu; non seulement elles ont été réfractaires, mais l'expérience leur a été fatale.

Que le rôle de l'homme soit-disant civilisé aurait pu être beau, s'il avait su le comprendre, et si lui-même n'avait été affligé de ces deux pestes : le gouvernement et le mercantilisme, deux plaies affreuses dont il devrait bien songer à se débarrasser avant de chercher à civiliser les autres.

La culture des peuplades arriérées pourrait se poursuivre pacifiquement et amener à la civilisation des éléments nouveaux susceptibles, en s'y adaptant, de la revivifier. Que l'on ne vienne pas

nous parler de la duplicité et de la férocité des barbares! Nous n'avons qu'à lire les récits de ces
hommes, vraiment courageux, qui sont partis au
milieu de populations inconnues, poussés par le
seul idéal de la science et le désir de connaître.
Ceux-là ont su s'en faire des amis, ont pu passer
chez eux sans en avoir rien à craindre; la duplicité
et la férocité ne sont venues que de ces misérables
trafiquants qui se décorent faussement du nom de
voyageurs, ne voyant, dans leurs voyages, qu'une
bonne affaire commerciale ou politique, ils ont
excité, contre le blanc, l'animosité de ces populations, en les trompant dans leurs échanges, en ne
tenant pas les engagements consentis, en les mas-
sacrant, au besoin, quand ils pouvaient le faire im-
punément.

Allons, allons, philanthropes du commerce, civilisateurs du sabre, rengaînez vos tirades sur les
bienfaits de la civilisation. Ce que vous appelez
ainsi, ce que vous déguisez sous le nom de colonisation a un nom parfaitement défini dans votre
Code, lorsqu'il est le fait de quelques individualités
obscures; cela s'appelle : « Pillage et assassinat en
bandes armées », mais la civilisation n'a rien à
voir avec vos pratiques de bandits de grands chemins.

———

Ce qu'il faut à la classe dirigeante, ce sont les
débouchés nouveaux pour ses produits, ce sont des

peuples nouveaux à exploiter ; c'est pour cela
qu'elle envoie les Soleillet, les de Brazza, les Cram-
pels, les Trivier, etc., à la recherche des territoires
inconnus pour y ouvrir des comptoirs qui livreront
ces pays à son exploitation sans borne ; elle commencera par les exploiter commercialement, pour
finir par les exploiter de toutes les façons, lorsqu'elle aura mené ces peuplades sous son protecto-
rat ; ce qu'il lui faut, ce sont des terrains immenses
qu'elle s'annexera graduellement, après les avoir
dépeuplés ; ne faut-il pas beaucoup de place pour
y déverser le trop-plein de la population qui l'em-
barrasse ?

Vous, dirigeants, des civilisateurs, allons donc!
Qu'avez-vous fait de ces peuplades qui habitaient
l'Amérique et qui disparaissent tous les jours décimées par les trahisons, auxquelles, au mépris de
la foi jurée, vous arrachez peu à peu, les territoires
de chasse que vous aviez dû leur reconnaître? Qu'a-
vez-vous fait de ces peuplades de la Polynésie, que
les voyageurs s'accordaient à nous montrer comme
des populations fortes et vigoureuses, et qui, maintenant, disparaissent sous votre domination?

Vous des civilisateurs! Mais du train dont marche
votre civilisation, si les travailleurs devaient succomber dans la lutte qu'ils vous livrent, vous ne
tarderiez pas à succomber, à votre tour, sous votre
indolence et votre paresse, comme sont tombées les
civilisations grecque et romaine, qui, arrivées au

faîte du luxe et de l'exploitation, ayant perdu toutes les facultés de lutte pour ne conserver que celle de jouir, ont succombé, bien plus sous le poids de leur avachissement que sous les coups des barbares qui, arrivant prendre part à la lutte, dans la plénitude de leurs forces, n'ont pas eu grand'peine à renverser cette civilisation en pleine décomposition.

Comme vous avez pris à tâche de détruire les races, non pas inférieures — nous le démontrerons plus loin — mais seulement retardataires, vous tendez de même à détruire la classe des travailleurs que vous qualifiez, aussi, d'inférieure. Vous cherchez tous les jours à éliminer le travailleur de l'atelier, en le remplaçant par des machines. Votre triomphe serait la fin de l'humanité; car, perdant peu à peu les facultés que vous avez acquises par le besoin de lutte, vous retourneriez aux formes ancestrales les plus rudimentaires, et l'humanité n'aurait bientôt plus d'autre idéal que celui d'une association de sacs digestifs, commandant à un peuple de machines, servies par les automates, n'ayant plus d'humain que le nom.

XV

IL N'Y A PAS DE RACES INFÉRIEURES

Cette question de la colonisation soulève aussitôt celle des races soi-disant inférieures. N'a-t-on pas voulu justifier, en arguant de cette soi-disant infériorité, les agissements des blancs qui ont amené la disparition des peuples conquis?

N'est-ce pas, du reste, le même argument que l'on emploie contre le travailleur, pour justifier l'exploitation qu'on lui fait subir, en le taxant de « classe inférieure ! » Est-ce que, pour le capitaliste, et même pour certains savants, le travailleur n'est pas une bête de somme dont le seul rôle consiste à créer le bien-être pour les « élus », à reproduire d'autres bêtes de somme qui élaboreront à leur tour les jouissances pour la descendance des élus et ainsi de suite ?

Pourtant, nous travailleurs, nous ne nous croyons pas au-dessous de qui que ce soit, nous croyons notre cerveau tout aussi apte à se développer que celui de nos exploiteurs si nous en avions les moyens et les loisirs. Pourquoi n'en serait-il pas de même des races dites inférieures ?

———

S'il n'y avait que les politiciens pour affirmer l'infériorité des races, il serait bien inutile d'essayer de les réfuter ; au fond, ils se soucient fort peu que leur assertion soit prouvée ou infirmée, ce n'est qu'un prétexte : celui-ci démontré faux, ils ne manqueraient pas d'en trouver d'autres. Mais certains savants ont voulu apporter le concours de la science à cette théorie et prouver que la race blanche était la seule supérieure. Il fut un moment où l'homme se croyait le centre de l'univers ; non seulement il pensait que le soleil et les étoiles tournaient autour de la terre, mais il affirmait que tout cela n'avait été fait qu'en vue de sa personne. On appelait cela l'anthropocentrie.

Il a fallu de longs siècles d'études pour arracher à l'homme ses illusions orgueilleuses, et lui faire comprendre le peu de place qu'il tenait dans la nature. Mais ces idées de domination sont si fortes et tenaces, il y renonce si difficilement, qu'après avoir perdu le sceptre qu'il prétendait s'arroger sur les astres, il s'est rabattu sur l'affirmation que le globe terraqué, avec toutes ses productions, n'avait été fait qu'en vue de lui servir de berceau à lui, le roi de la Création.

Encore dépossédé de cette royauté factice par la science qui lui démontre qu'il n'est que le produit d'une évolution, le résultat d'un concours de circonstances fortuites, qu'il n'y a rien de prémédité dans son éclosion et que, par conséquent, on n'a rien pu créer en vue de sa venue que l'on n'attendait pas ; l'esprit de domination de l'homme n'a pu se résoudre à accepter les faits tels qu'ils sont et à se considérer comme un intrus, il s'est en fin de compte raccroché à cette idée des races supérieures, et, comme de juste, chaque race s'est affirmée la plus intelligente, la plus belle et la plus parfaite. C'est en vertu de cette affirmation que la race blanche absorbe toutes les autres ; c'est sur cette élimination que les savants essaient de baser l'affirmation.

Les savants ont, en outre, essayé de justifier leur opinion en s'appuyant sur les trois points suivants :

1º L'ancienneté des races inférieures est reconnue implicitement par tout le monde savant comme égale à celle de la race blanche ; par conséquent, l'état stationnaire des uns, alors que les autres ont progressé, prouve leur infériorité absolue ;

2º Les peuples arriérés habitent généralement les climats les plus favorisés, ce qui aurait dû contribuer à hâter leur développement ;

3º Les enfants sauvages que l'on a voulu élever à l'européenne n'ont aucunement répondu à l'espérance de leurs éducateurs. On donne encore en exemple les agglomérations de sauvages parquées dans des villages et qui sont restées ce qu'elles étaient il y a deux cents ans, ainsi que la république nègre d'Haïti et ses révolutions sans but.

———

Il ne faut pas aller bien loin dans l'histoire pour reconnaître que le *consensus* universel n'est pas toujours une preuve. Jusqu'à ce que Galilée vînt prouver que la terre tournait autour du soleil, il avait été admis, à peu près universellement, que c'était le soleil qui tournait autour de la terre! Le consentement universel ne prouve donc rien, s'il n'est appuyé par des faits, — et encore, dans le cas cité plus haut, des faits apparents semblaient appuyer l'opinion erronée. Les faits corroborent-ils l'opinion de l'égale ancienneté des races, voilà ce qu'il faudrait savoir?

Sur les monuments égyptiens on a trouvé la reproduction de certains types africains existant encore de nos jours, ce qui prouverait, en effet, une antiquité relative; il est avéré également que ces peuplades, autrefois soumises aux Egyptiens, ne paraissent pas avoir progressé. De prime abord, cela semblerait donner raison aux partisans de l'infériorité des races, mais un examen approfondi nous montre que cette conclusion serait trop hâtive.

En effet, l'antiquité reconnue aux monuments égyptiens serait de 8,000 années, mettons 10,000 en

chiffres ronds. Ainsi, en dix mille ans ces peuplades
ne paraissent pas avoir progressé alors que la race
blanche a fait le chemin que l'on sait.

Seulement, à l'époque où s'élevèrent ces monuments, l'Egypte représentait déjà une civilisation
fort avancée ; énorme était déjà la différence entre
ces peuplades retardataires et les constructeurs des
temples de Philœ, de Karnak et de Memphis, les
Egyptiens avaient traversé la période préhistorique
que l'on évalue à des centaines de mille années.

———

Bien lents ont dû être les premiers progrès de
l'homme quaternaire, et la période d'éducation est
encore plus longue si l'on admet l'existence de
l'homme à l'époque tertiaire.

Les 10,000 ans de stagnation des peuplades en
question représentent donc bien peu de chose dans
l'histoire du développement de l'humanité, et il est
probable que dix mille ans après qu'il eut appris à
tailler la première pierre, l'Egyptien primitif aurait
pu ne présenter aucune amélioration sensible à
l'observateur et paraître, lui aussi, d'une race foncièrement inférieure.

D'un autre côté, les Egyptiens, qui firent les
grands progrès attestés par leurs sciences et leurs
monuments, ne sont même pas des blancs, et ce
même peuple, que l'on classe parmi les races « supérieures » de l'antiquité, est maintenant classé
parmi les races « inférieures » ! Les dominateurs

anglais le leur montrent bien. Quel amas de contradictions ! Pour les besoins de la discussion, les Egyptiens sont alternativement l'un et l'autre : « supérieurs » et « inférieurs ».

———

Les crânes et les mâchoires du Cros-Magnon, du Néanderthal, de la Naulette qui remontent à une lointaine époque représentent des caractères tellement simiens qu'en les étudiant, les anthropologues se sont demandé s'il fallait classer leurs possesseurs parmi les ancêtres de l'homme ou des grands singes anthropoïdes. Devant de si modestes débuts, sommes-nous bien venus à nous décréter les phénix de l'humanité ?

Et de quel droit parler de l'infériorité d'autres races, alors que leur état actuel provient de nos persécutions barbares ? Ainsi l'infériorité actuelle de la race peau-rouge ne prouve rien ; car, on ne l'ignore pas, les civilisations autochtones qui s'épanouissaient, lors de la conquête par les Européens, ont été détruites par les envahisseurs, et leurs descendants traqués, spoliés, massacrés, ont dû, petit à petit, reculer et s'annihiler devant le vainqueur. Les civilisations en pleine floraison ont disparu sans que l'on sache ce qu'elles auraient pu donner; on ne peut en juger d'après les indigènes abrutis et dégénérés que les Etats-Unis sont en train de faire disparaître.

Je ne citerai pas l'exemple de l'Empire du Mexique

ni celui des Incas ; à l'arrivée des Espagnols, ces empires étaient en pleine décadence. C'est même pour cela qu'ils n'ont pas pu résister. Les Hurons, les Iroquois se sont défendus avec une énergie bien autrement grande que les Aztèques et les Péruviens.

———

On pourrait penser que, pour prouver l'antiquité égale des races, il resterait un dernier moyen, celui de faire des fouilles dans les terrains non encore explorés et de comparer l'âge des squelettes que l'on trouverait certainement, mais le moyen est illusoire : il n'existe aucun moyen possible pour établir la concordance exacte de la formation des terrains dans les diverses parties du monde. Comment donc établir la concordance parfaite entre les restes découverts dans les diverses régions ?

En résumé, cette question d'égale antiquité des races est une question insoluble et sans aucune valeur pour résoudre le problème de l'égalité virtuelle. A-t-elle la moindre importance pour ceux qui font dériver tout progrès de l'influence incessamment changeante des milieux ?

———

« Les peuples arriérés habitent généralement les pays les plus favorisés », affirmait, dans un de ses cours sur l'anthropologie zoologique à l'école d'anthropologie, M. le professeur G. Hervé, un des partisans de l'infériorité des races. — Cette affirmation serait à prouver ! Peut-on le dire des Eskimaux ? ou des habitants de la Terre de Feu? ou des Peaux-Rouges, privés de tous les animaux qu'ils auraient pu domestiquer? ou des nègres qui vivent dans la région des marais du Nil ou des forêts sans fin du Congo? ou des Tongouses des steppes sibériennes? ou des Buhsmen des déserts sans eau du Kalahari? Il ne faut pas donner de pareilles entorses à la vérité. Et puis, reste à résoudre la grosse question de savoir quels sont les « pays les plus favorisés? » Ceux qui sollicitent le travail ou ceux qui ne le sollicitent pas?

Cette affirmation, du reste, peut tout aussi bien se retourner contre la manière de voir qu'elle prétend défendre. N'est-ce pas justement cette facilité de l'existence qui a laissé maintes peuplades stationnaires? Ayant de quoi satisfaire, sans travailler, à leurs premiers besoins, les hommes peuvent très bien ne pas avoir vu naître en eux des facultés qui ont continué à dormir, alors que les autres populations, forcées d'arracher au sol et au climat la subsistance de tous les jours, étaient amenées à développer des instincts et des facultés qui en éveillaient d'autres à leur tour et les lançaient ainsi dans la voie du progrès. Les autres, favorisées, n'avaient qu'à se laisser vivre.

———

Viennent ensuite les arguments tirés de tentatives de culture faites sur certaines tribus africaines, sur des colonies sauvages que l'on prétend avoir laissé se développer dans des villages à eux concédés.

Il se peut qu'il y ait des exemples de tentatives de culture infructueuses, cela ne prouverait rien au général, vu qu'il s'agirait de savoir dans quelles conditions ont été faites ces tentatives, dans quelle situation se trouvaient les groupes sur lesquels on a opéré, et de rechercher si on n'a pas laissé subsister des causes de dégénérescence. Ces exemples prouvent d'autant moins qu'il y a des exemples contraires. Les Iroquois du Canada sont parfaitement les égaux des blancs qui les entourent. Le premier géographe du Mexique est un Aztèque. Et nous avons la satisfaction de reconnaître que les « premiers soldats du monde » ont été proprement mis à la porte du Mexique par les descendants de « races inférieures ».

Il faut plusieurs âges d'hommes pour fixer toute nouvelle acquisition; le cerveau d'un individu, quelle que soit sa puissance de développement, ne peut faire, dans le cours de son existence, l'évolution que sa race mettra des générations entières à parcourir. Les résultats négatifs sur des individus ne prouvent donc absolument rien, en admettant même que l'essai eût été fait dans des conditions pratiques ; car on peut leur opposer bien des résultats positifs, de même qu'aux progrès des blancs on peut opposer bien des reculs.

Les ouvrages d'ethnographie ne nous citent-ils

justement pas des cas de Peaux-Rouges, de nègres
ou d'autres « sauvages » que l'on était parvenu à
instruire, et qui étaient arrivés même à des connaissances assez développées; mais qui, saisis du
mépris de ce qu'on leur avait enseigné, repris de la
nostalgie de vie libre d'autrefois, avaient jeté aux
buissons leur défroque de civilisés pour revivre de
l'existence nomade! Que l'atavisme soit, parfois,
plus puissant que la faculté de perfectibilité, nul ne
le nie, mais ces exemples ne prouvent nullement
l'imperfectibilité de la race, puisque les individus
soumis à l'éducation européenne ont certainement,
pendant une période de leur existence, progressé
dans la voie tracée par les éducateurs.

———

Le même M. Hervé, que nous citons encore, car
c'est par lui que nous avons entendu le mieux soutenir l'infériorité des races, M. Hervé cite encore
ce fait que le sauvage serait plus apte à la compréhension dans son enfance que dans son âge adulte.
Mais que prouve cela? Moins les races sont développées, plus les petits doivent apprendre à se pourvoir
jeunes, faire preuve de sagacité aussitôt éclos. Quant
aux adultes, si leur développement cérébral s'arrête
de bonne heure, cela tient, il est vrai, à un fait physique, à l'oblitération des sutures craniennes. Au
contraire des races blanches, la consolidation s'opère
d'abord dans les parties antérieures, de sorte que le
développement du cerveau s'arrête justement, dès le

début, par les parties les plus actives de l'intelligence.

Cela serait une preuve d'infériorité, s'il était prouvé que les races blanches n'aient pas passé par ce stade ; or, on a reconnu, sur les crânes préhistoriques, que les sutures s'opéraient d'avant en arrière et de bonne heure, absolument comme chez nos races soi-disant inférieures. De nos jours, on cite aussi des faits ataviques de ce même processus. Que reste-t-il donc de cet argument?

———

On nous cite, pour les tourner en ridicule, la république d'Haïti et ses révolutions militaires ; mais faudrait-il remonter bien haut dans notre histoire pour y trouver des exemples semblables, moins excusables, puisque nous nous prétendons supérieurs? En tous cas, les Haïtiens ont reconquis leur indépendance sur les Français. Quels ont été les « supérieurs », ceux qui ont reconquis leur liberté ou ceux qui voulaient maintenir un peuple en esclavage? D'ailleurs, il faut ignorer complètement l'histoire pour ne pas reconnaître le progrès chez les Haïtiens, en dépit de leurs Soulouque, contre façon de nos Badingue.

Quand on réfléchit que la plus grande partie de nos soi-disant civilisés peine et crève de misère pour enrichir une minorité d'oisifs et de parasites, quand on pense que ce sont les exploités qui fournissent la force pour défendre leurs exploiteurs, peut-on penser que nous ayons le droit d'être bien fiers, et de nous targuer de notre supériorité?

Et les agglomérations de sauvages, que l'on a laissé subsister, croit-on qu'on leur ait procuré les conditions qui leur permettent de s'épanouir dans leur plénitude ?

Certainement, nous ne voulons pas dire que les races soient absolument identiques; seulement nous sommes persuadés que toutes ont certaines aptitudes, certaines qualités morales, intellectuelles ou physiques qui, s'il leur avait été donné d'évoluer librement, leur auraient permis d'apporter leur part dans l'œuvre collective de la civilisation humaine.

Ainsi, par exemple, ces Australiens si chétifs, si bas dans l'échelle de l'humanité, n'ont-ils pas inventé le boomerang, cet arme de jet aux effets rétrogrades si curieux que les Européens, malgré leur talent, n'ont su imiter et que toute leur science en balistique n'a pu expliquer?

Certes, la découverte du boomerang n'apporte que peu de chose à l'histoire de l'Humanité; mais puisque l'ingéniosité de ses inventeurs a pu se développer sur un objet qui leur est absolument particulier, tandis que la lance, le casse-tête, les flèches ont été connus de toutes les autres races, qui nous dit que, dans d'autres conditions, cette faculté n'aurait pas évolué dans de plus importantes directions!

Mais non, la race blanche, aidée de la race juive, qui est devenue blanche pour les besoins de la cause, a voulu tout envahir, tout exploiter. Partout où elle s'est imposée, les races retardataires ont dû disparaître. En face des ruines que sa furie conquérante a amoncelées, en présence des massacres que ses exploitations ont amenés, on peut se demander si son rôle n'a pas été aussi néfaste que bienfaisant.

———

Il nous a fallu 150,000 ans, peut-être, pour sortir de l'animalité, et 10,000 ans ont vu s'éteindre les civilisations égyptienne, chaldéenne, grecque, romaine, hindoue et maure pendant que, parallèlement, se développait la race jaune. Aujourd'hui nous assistons à un commencement de décadence des races latines qui ne tardera pas à être une agonie, si une transformation sociale ne s'opère à temps pour enrayer la décadence physique et morale que le système capitaliste entraîne avec lui.

Peut-être, si les peuples continuent à se retrancher derrière leurs frontières, notre succession sera-t-elle reprise par les races slaves qui nous paraissent plus jeunes, étant plus tard venues dans le courant de la civilisation européenne. Mais que durera cette période? Qu'adviendra-t-il ensuite? Quel sera le courant régénérateur qui viendra revivifier notre race anémiée, épuisée par les excès d'une civilisation mal comprise et mal dirigée?

Chaque civilisation à son déclin, a vu surgir une
race nouvelle qui, sachant s'assimiler les connaissances de la race qu'elle remplaçait, apportait, en
échange, un cerveau neuf, de nouvelles aptitudes,
un sang jeune et vigoureux, et cette disparition de
civilisations prouverait que les races n'ont qu'une
certaine dose d'énergie et d'aptitudes à donner,
après quoi elles disparaissent ou restent stationnaires.

———

Mais à ce qui précède, certains amis nous objectent
qu'aujourd'hui il n'y a plus de races, que le monde
civilisé se divise en états, reste d'un passé qui est
en désaccord avec la réalité, mais constituant un
tout indissoluble. La civilisation, de France en
Russie, et de l'Amérique en Australie, étant la
même civilisation partout. Qu'il n'y a plus de races,
mais des classes en présence. »

Certes, nous sommes persuadés aussi qu'étant
données les facilités de locomotion d'un pays à
l'autre, l'énorme extension des relations internationales, les races sont appelées à disparaître en se
fusionnant, en se mélangeant par les croisements,
c'est pourquoi l'indignation nous étreint en voyant
disparaître des peuplades entières avant qu'elles
aient pu donner à notre civilisation la note originale qu'elles pouvaient posséder virtuellement.
Lorsque nous réfléchissons aux massacres de peuplades inoffensives, aux races disparues, ou en train

de disparaître, notre pensée s'emplit de mélancolie
et de tristesse, car nous nous demandons si ces
frères « inférieurs » ne possédaient pas quelques-
unes des qualités qui nous manquent en si grand
nombre?

———

La race blanche n'a pu comprendre les races retardataires, elle les a brisées. Si elle avait voulu
les amener à une phase supérieure de développement, elle n'eût pu atteindre son but qu'à la suite
d'une longue évolution ; mais elle n'a jamais désiré
faire acte d'éducation ; elle a voulu faire acte d'exploitation et l'exploitation devient extermination à
la longue.

Somme toute, en présence de notre fureur de
domination, nous devons nous demander si la civilisation des Iroquois, par exemple, était bien inférieure à la nôtre. Avons-nous bien raison de nous
proclamer supérieurs à ces Incas qui, eux, avaient
su, du moins, assurer le vivre et le couvert à tous
les membres de leur société, tandis que la misère
ronge nos civilisations modernes.

Rien ne justifie la théorie dite des « races inférieures », elle ne sert qu'à justifier les crimes des
races dites « supérieures ».

XVI

POURQUOI
NOUS SOMMES RÉVOLUTIONNAIRES

Nour avons démontré, nous l'espérons du moins, le droit de tous les individus, sans exception, à évoluer librement, sans contrainte ; le droit, pour tous, de satisfaire complètement leurs besoins, ainsi que l'illégitimité de l'autorité, de la propriété et de toutes les institutions que la classe des exploiteurs a érigées pour défendre les privilèges qu'elle n'a pu s'assurer qu'en spoliant la masse. Il nous reste à examiner les moyens de renverser l'état de choses que nous attaquons, d'instaurer la Société dont nous réclamons l'avènement et prouver la légitimité de ces moyens, car beaucoup de personnes qui admettent nos critiques de l'état social actuel, applaudissent à notre vision d'un monde harmonique, se cabrent à l'idée d'employer la violence :

il serait préférable, à leur avis, d'opérer petit à petit, par la persuasion, en cherchant à améliorer,
graduellement, la société actuelle.

Tout, dans la nature, nous dit-on, se transforme
par évolution, pourquoi, en sociologie, vouloir brus-
quer les choses et ne pas opérer de même? En voulant transformer la Société de vive force, vous risquez de tout bouleverser sans rien produire de bon,
vous risquez surtout de vous faire écraser, d'amener une réaction non moins violente qu'aura été
l'attaque et de faire ainsi reculer le progrès de plusieurs siècles.

Ce raisonnement qui nous est tenu par des
hommes de bonne foi, qui discutent avec le seul
désir de s'éclairer, repose sur un semblant de vérité et mérite d'être étudié.

———

Certes, tout, dans la nature, se transforme par
une évolution lente, par une suite ininterrompue de
progrès, acquis peu à peu, imperceptibles si on les
suit dans leur évolution, n'éclatant aux yeux que
si on passe brusquement d'une période à une autre.
C'est ainsi que la vie a progressé sur notre globe,
c'est ainsi que l'homme est sorti de l'animalité,
c'est ainsi que l'homme du dix-neuvième siècle ne
ressemble plus à celui de l'âge de pierre.

Mais on n'oublie qu'une chose, c'est qu'il faut,
pour que cette évolution se fasse sans secousse,
qu'elle ne rencontre aucun obstacle sur sa route;

si l'impulsion acquise est plus forte que les obstacles, elle les brise, sinon elle avorte. Chaque fois qu'il y a choc entre une chose existante et un progrès, il y a révolution, que ce soit l'engloutissement d'un continent, ou la disparition d'une molécule dans l'organisme, — l'intensité de la chose n'y fait rien — il y a révolution.

Aussi, il est reconnu aujourd'hui que les grandes révolutions géologiques, loin d'avoir été provoquées par des convulsions effroyables et des changements brusques provenant de violentes poussées intérieures de notre globe, ne sont que le produit de causes lentes et de changements imperceptibles qui ont agi pendant des milliers de siècles. Ainsi, on sait que, de nos jours, ces mêmes causes, qui ont amené la terre au point où nous la voyons, continuent à agir et préparent une nouvelle transformation.

Partout les pluies érodent les montagnes, s'infiltrent et désagrègent les granits les plus durs. Rien ne décèle le lent travail de désagrégation qui s'accomplit, ne le trahit aux yeux du touriste. Des générations passent sans qu'aucune modification appréciable se soit fait sentir; pourtant, un beau jour, la montagne s'écroule, entraînant forêts et villages, comblant le lit des rivières, deplaçant leur cours, semant la ruine et la désolation dans ce cataclysme. Mais, l'émotion une fois passée, la vie ne tarde pas à reprendre ses droits et à sourdre par tous les pores, plus forte et plus vivace que jamais, de tous ces matériaux bouleversés.

L'évolution s'est faite bien lentement, mais il est arrivé un moment où elle n'a pu continuer sans mettre en péril l'ordre de choses existant; elle a continué son œuvre, et la montagne, minée par sa base, s'est écroulée en bouleversant tout à sa surface.

———

Autre exemple. On sait que la mer se retire peu à peu de certaines côtes et qu'elle envahit certaines autres. Ses vagues, en venant déferler sur certaines plaines, en détachent des matériaux qui lui laissent la place pour empiéter sur les terres, pendant que ces mêmes matériaux, transportés à d'autres endroits, aident à la terre ferme à gagner sur la mer. Ce travail se fait si lentement que c'est à peine s'il est perceptible : quelques centimètres par siècle, paraît-il. Cela n'empêche pas, pourtant, qu'il arrive un jour où, — au bout de dix mille ans, cent mille ans; qu'importe la durée? — la barrière qui résistait aux flots n'est plus assez compacte pour contenir leur assaut; elle crève à un dernier choc, et la mer, puisant de nouvelles forces dans la résistance qu'elle trouve dans sa marche, envahit la plaine, détruisant tout sur son passage, jusqu'à ce qu'elle s'arrête au pied d'une nouvelle barrière qui endiguera à nouveau les flots pour une période plus ou moins longue, selon le degré de résistance qu'elle possédera.

Il en est de même dans nos sociétés. L'organisation sociale, les institutions créées pour défendre cette organisation représentent les barrières qui s'opposent au progrès. Tout, dans la société, tend, au contraire, à renverser ces barrières. Les idées se modifient, les mœurs se transforment, sapant peu à peu le respect des institutions anciennes qui se maintiennent et veulent continuer à diriger la société et les individus. Le lent travail de dissociation est, parfois, imperceptible à une génération. On voit bien disparaître des coutumes, s'affaisser un préjugé; mais ces disparitions ont été amenées si lentement, qu'elles s'opèrent sans que personne en ait conscience; il n'y a que les vieillards qui, en comparant les habitudes de leur jeunesse avec les habitudes de la jeunesse qui les a remplacés, constatent que les mœurs ont changé.

Mais si les mœurs ont changé, les institutions, l'organisation sociale sont restées les mêmes; elles continuent à opposer leurs digues aux flots qui les attaquent et viennent, impuissants, se briser à leurs pieds, se contentant d'enlever une pierre par-ci, par-là. Les flots, dans leur rage, peuvent en arracher des milliers. Qu'est-ce qu'une pierre, par rapport à leur masse imposante? Ce n'est rien; seulement, cette pierre, les flots la roulent avec eux, et, dans une nouvelle attaque, la lancent contre le mur d'où ils l'ont arrachée, et s'en servent comme d'un bélier pour en arracher d'autres qui se transformeront en moyens d'attaque à leur tour. La lutte peut durer des milliers d'années; la falaise ne semble pas diminuée, jusqu'au jour où, minée par sa base, elle s'effondre sous un nouvel assaut, livrant passage aux flots triomphants.

———

Certes, nous ne demanderions pas mieux que l'évolution de notre société se fît d'une façon lente mais continue, nous voudrions qu'elle pût s'opérer sans secousse; mais cela ne dépend pas de nous. Nous accomplissons notre besogne de propagande, nous semons nos idées de rénovation; c'est la goutte d'eau qui s'infiltre, dissout les minéraux, creuse et se fait jour jusqu'au pied de la montagne. Pouvons-nous empêcher que la montagne s'écroule, brisant les étais que vous y avez ajoutés pour la consolider?

Les bourgeois seuls sont intéressés à ce que la transformation se fasse sans secousse. Dès lors, pourquoi, au lieu d'essayer de maintenir la montagne telle qu'elle est et de l'étayer dans ce but, ne nous aident-ils pas à la niveler et à faire que l'eau puisse s'écouler lentement vers la plaine, emportant les matériaux inutiles ou nuisibles, où ils exhausseront le sol jusqu'à ce que la surface soit égalisée?

Les insensés! ils ne veulent rien céder de leurs

privilèges ; comme la falaise, ils se croient invul-
nérables aux flots qui les attaquent. Que leur importent les quelques concessions qu'on leur a arra-
chées en un siècle ? Leurs prérogatives sont tellement immenses que le vide ne se fait pas trop sentir ;
mais le flot a fait brèche ; c'est avec les propres matériaux arrachés à ses exploiteurs qu'il se rue de
nouveau à l'attaque, s'en faisant une arme pour
achever de les détruire. Nous avons contribué à
l'évolution ; qu'ils ne s'en prennent qu'à eux-mêmes
et à leur résistance insensée si elle se transforme
en révolution.

———

Et, certes, il suffit d'étudier un peu, sans parti
pris, le fonctionnement du mécanisme social pour
voir que les anarchistes n'ont été amenés à être révolutionnaires que par la seule force des choses. Ils
ont reconnu que la cause des maux dont souffre la
société est dans son organisation même ; que tous
les palliatifs proposés par les politiciens et les socialistes ne peuvent absolument rien améliorer, parce
qu'ils s'attaquent aux effets au lieu d'en supprimer
la cause.

Quand on est bien repu, qu'on a satisfait plus ou
moins complètement ses besoins, il est facile d'attendre. Mais ceux qui ont faim physiquement et
intellectuellement, une fois le mal reconnu, ne se
satisfont plus d'entrevoir un avenir meilleur ; ils

sont tentés de passer du domaine de la spéculation
à celui de l'action.

N'est-ce pas le propre des individus pleinement
convaincus d'une idée de chercher à la propager, à
la traduire en acte? L'homme fortement épris d'une
vérité peut-il s'empêcher d'essayer de la faire accepter par d'autres, et surtout de la réaliser en y
conformant ses actes? Et, dans la société actuelle,
essayer de mettre des idées nouvelles en pratique,
n'est-ce pas faire acte de révolte? Alors, comment
veut-on que ceux qui ont tout fait pour propager les
idées nouvelles, pour faire comprendre les maux
dont on souffre, en expliquer les causes, en démontrer le remède, faire toucher du doigt les joies d'une
société meilleure, comment veut-on que ces hommes
aillent se mettre en travers de la route de ceux qui
cherchent à réaliser les idées qu'ils leur ont expli-
quées, et leur disent : « Contentez-vous de jouir en
expectative, continuez de souffrir, prenez patience ;
peut-être un jour vos exploiteurs consentiront-ils à
vous faire quelques concessions. » Ce serait une
horrible moquerie.

Oh! certes! nous ne demanderions pas mieux que
de voir les bourgeois comprendre eux-mêmes le rôle
odieux de leur situation, renoncer à exploiter les
travailleurs, faire remise de leurs usines, de leurs
maisons, de leurs terres et des mines à la collectivité, qui s'organiserait pour les mettre en œuvre à

son profit et substituer le règne de la solidarité à celui de la concurrence. Mais peut-on sérieusement espérer voir un jour les capitalistes et les exploiteurs arriver à cet idéal de désintéressement, alors qu'aujourd'hui ils n'ont pas assez d'armée, de police et de magistrature pour réprimer les réclamations les plus anodines?

Faire de la théorie est beau, spéculer sur un avenir meilleur est admirable, mais, si reconnaître les ignominies de la société actuelle, se bornait à une philosophie de salon, que l'on discute après souper, entre gens bien repus, si tout se bornait à de vaines récriminations contre l'ordre de choses actuel, à de stériles aspirations vers l'avenir meilleur, cela ressemblerait beaucoup au philanthrope qui, le ventre bien plein, la sacoche bien garnie, vient dire au misérable qui crève de faim : « Mon ami, je vous plains de tout mon cœur, votre sort m'intéresse au plus haut point, je fais toutes sortes de vœux pour qu'il s'améliore, en attendant, soyez sobre, et faites des économies »; et passe outre, se croyant quitte avec cela. Oh! mais alors, la bourgeoisie aurait grand'chance d'avoir encore de longs jours d'exploitation devant elle, les travailleurs seraient loin de voir finir leur misère et leurs souffrances.

Heureusement, nous l'avons vu, qu'il n'y a qu'un pas des aspirations au besoin de les réaliser ; et ce pas, bien des tempéraments sont enclins à le franchir ; d'autant plus que la théorie anarchiste étant essentiellement d'action, plus nombreux chez ses adeptes se trouvent ces tempéraments révolutionnaires. De là la multiplication de ces actes de révolte que déplorent les esprits timorés, mais qui, selon nous, ne sont autre chose que la preuve du progrès des idées.

———

Ce serait faire le jeu des exploiteurs que de prêcher la résignation aux exploités, nous laissons ce rôle au christianisme. Ce n'est pas en se résignant, ni en espérant, que l'on change rien à sa situation, c'est en agissant; or, la meilleure manière d'agir, c'est de supprimer les obstacles qui entravent votre route.

Assez longtemps les hommes se sont prosternés devant le pouvoir, assez longtemps ils ont attendu leur rédemption des sauveurs providentiels, trop longtemps ils ont cru aux changements politiques, à l'efficacité des lois. La mise en pratique de nos idées exige des hommes conscients d'eux-mêmes et de leur force, sachant faire respecter leur liberté tout en ne se faisant pas les tyrans des autres, n'attendant rien de personne, mais tout d'eux-mêmes, de leur initiative, de leur activité et de leur énergie; ces hommes ne se trouveront qu'en leur enseignant la révolte et non la résignation.

———

Du reste, l'idée anarchiste ne repousse nullement le concours de ceux qui, ayant peu de goût pour la lutte active, se bornent exclusivement à semer des idées, à préparer l'évolution future ; elle ne demande même pas qu'on les accepte dans leur ensemble. Tout ce qui attaque un préjugé, tout ce qui détruit une erreur, tout ce qui proclame une vérité fait partie de leur domaine. Les anarchistes ne dédaignent aucun concours, ne repoussent aucune bonne volonté et ne demandent pas mieux que de tendre la main à tous ceux qui ont quelque chose de neuf à apporter. Ils se contentent de coordonner les efforts, de synthétiser les aspirations, afin que les individus puissent lire dans leur propre volonté.

———

Impossible enfin aux anarchistes, quand même ils le voudraient, d'être pacifiques ; de par la force même des choses, ils seront poussés vers l'action. Peut-on supporter les tracasseries d'un policier, quand on a compris le rôle ignoble qu'il joue ; peut-on subir les insolences d'un robin lorsque la réflexion l'a dépouillé de l'auréole sacrée dont il s'entourait? Peut-on respecter le richard qui se vautre dans le luxe quand on sait que ce luxe est fait de la misère de centaines de familles.

Peut-on consentir à aller, dans les casernes, servir de jouet aux gardes-chiourme de ses exploiteurs, lorsque l'on a reconnu que l'idée de Patrie n'est qu'un prétexte et que le véritable rôle que l'on vous réserve est celui d'égorger ses frères de misère ?

Lorsqu'on voit que la misère est le résultat de la mauvaise organisation sociale ; que des gens ne crèvent de faim que parce que d'autres se gavent et ramassent des écus pour leur lignée, on n'accepte pas de mourir au coin d'une borne. Il arrive un moment, tout pacifique que l'on soit, où, à la force, on répond par la force, et à l'exploitation par la révolte.

Il faut que ceux qui voudraient voir la société se transformer sans secousse, en fassent leur deuil, cela est impossible ; les idées, en évoluant, nous conduisent à la révolution ; on peut le regretter, le déplorer, mais le fait est là, il faut en prendre son parti, les lamentations n'y peuvent rien et, puisque la révolution est inévitable, il n'y a qu'un moyen d'empêcher qu'elle ne tourne contre le progrès, c'est d'y prendre part, en essayant de l'utiliser pour réaliser l'idéal entrevu.

———

Nous ne sommes pas de ceux qui prêchent les actes de violence, ni de ceux qui mangent du patron ou du capitaliste, comme jadis les bourgeois mangeaient du prêtre ; ni de ceux qui excitent les individus à faire telle ou telle chose, à accomplir tel ou tel acte. Nous sommes persuadés que les individus ne font que ce qu'ils sont bien décidés par eux-mêmes à faire ; nous croyons que les actes se prêchent par l'exemple et non par l'écrit ou le conseil ; c'est pourquoi nous nous bornons à tirer les conséquences de chaque chose, afin que les individus choisissent d'eux-mêmes ce qu'ils veulent faire. Mais nous sommes convaincus aussi que les idées bien comprises doivent multiplier, dans leur marche ascendante, les actes de révolte.

———

Plus les idées pénétreront dans la masse, plus leur conscience s'éveillera, plus intense deviendra le sentiment de leur dignité, par conséquent, moins on voudra subir les tracasseries d'un pouvoir autoritaire et l'exploitation de capitalistes voleurs ; plus rapprochés et plus multipliés seront les actes d'indépendance. Ce résultat n'a rien qui nous désole, au contraire ; car, chaque acte de révolte individuelle est un coup de hache porté dans les étais du vieil édifice social qui nous écrase. Et puisqu'il est dit que le progrès ne peut s'accomplir sans secousses ni victimes, nous saluons celles qui disparaissent dans la terrible tourmente, espérant que leur exemple fera surgir des champions plus nom_breux et mieux armés, afin que les coups aient plus d'effet.

Mais, quel que soit le nombre de ceux qui périssent dans la lutte, il est bien petit encore, eu égard aux victimes innombrables que dévore tous les jours le Minotaure social. Plus la lutte sera intense, plus elle sera brève, plus par conséquent elle préservera d'existences vouées à la misère, à la maladie, à la consomption et à la dégénérescence.

XVII

COMME QUOI LES MOYENS DÉCOULENT DES PRINCIPES

Certains hommes, bien intentionnés, nous aimons
à le croire, paraissent stupéfaits de voir les anarchistes repousser certains moyens de lutte, comme
contraires à leurs idées. « Pourquoi n'essaieriez-
vous pas de vous emparer du pouvoir, disent-ils,
pour forcer les individus à mettre vos idées en
pratique? » — « Pourquoi, s'exclament d'autres,
n'accepteriez-vous pas d'envoyer des vôtres à la
Chambre, comme députés, dans les conseils muni-
cipaux, où ils pourraient vous rendre des services,
et auraient davantage d'autorité pour propager vos
idées dans la foule? »

D'autre part, certains anarchistes, se figurant être
logiques, poussent le raisonnement à l'absurde ;
sous prétexte d'anarchie, ils acceptent un tas d'idées

qui n'ont rien à voir avec elle. Ainsi, sous couleur d'attaquer à la Propriété, certains se sont fait les défenseurs du vol, d'autres, à propos de l'amour libre, en sont arrivés à soutenir les fantaisies les plus absurdes qu'ils n'hésiteraient pas à qualifier de débauche et de crapulerie chez les bourgeois; les plus outranciers sont ceux qui font la guerre aux principes — encore un préjugé, disent-ils — et clament : « Je me moque des principes, je m'asseois dessus ; pour arriver à la Révolution, tous les moyens sont bons, nous ne devons pas nous laisser arrêter par des scrupules hors de saison. »

Ceux qui tiennent ce langage, sont dans l'erreur, selon nous, et, s'ils veulent bien y réfléchir, ils ne tarderont pas à reconnaître que tous les moyens ne sont pas bons pour mener à l'anarchie ; il y en a qui y sont contraires. Ils peuvent présenter une apparence de succès, mais, au fond, avoir fait retarder l'idée, avoir fait triompher un individu au détriment de la chose, et, par conséquent, qu'on le reconnaisse ou qu'on le nie, il découle des idées que l'on professe, un principe directeur qui doit vous guider sur le choix des moyens propres à assurer la mise en pratique de ces idées ou en faciliter la compréhension ; principe aussi inéluctable qu'une loi naturelle, que l'on ne peut transgresser sans en être puni par cette transgression elle-même, car elle vous éloigne du but visé, en vous donnant le contraire des résultats espérés.

Ainsi, prenons, par exemple, le suffrage univerversel dont nous avons parlé au début de ce chapitre : c'est vite fait de dire, comme certains contradicteurs qui, ne voyant que le fait, nous disent : « Pourquoi n'essayez-vous pas d'envoyer des vôtres à la Chambre, où ils pourraient imposer les changements que vous demandez, ou, tout au moins, grouper plus facilement, des forces pour organiser la Révolution ? »

Par une opposition bien entendue et bien conduite, le vote pourrait, certainement, amener une révolution tout aussi bien qu'un autre moyen, mais, comme c'est un parfait instrument d'autorité, il ne pourrait que produire une révolution politique, autoritaire ; voilà pourquoi les anarchistes le repoussent à l'égal de l'autorité elle-même.

Si notre idéal était de n'accomplir une transformation de la société qu'au moyen d'un pouvoir fort qui plierait la foule sous une formule donnée, on pourrait essayer de se servir du suffrage universel, chercher à travailler la masse pour l'amener à confier à quelques-uns des nôtres, le soin de ses destinées en les faisant maîtres d'appliquer nos théories. Quoique nous ayons vu pourtant, au chapitre *Autorité*, en traitant du suffrage universel, qu'il n'était bon qu'à faire ressortir les médiocrités, qu'il com-

portait trop de platitude et d'avachissement de la
part de ceux qui aspirent à la délégation, pour
qu'un homme sincère et un peu intelligent, con-
sente à solliciter un mandat.

Justement, ce qui fait la faiblesse du parti collec-
tiviste, dans les luttes électorales, c'est que des
hommes relativement plus intelligents, ont été
battus par les possibilistes qui ne comptent que des
perroquets de tribune, sans aucun fond ; c'est qu'ils
ont voulu maintenir intact — pas partout, pourtant — leur programme révolutionnaire, et en
même temps se présenter avec un programme de
réformes. L'électeur, qui est pourtant bien bête,
s'est dit : « Si je dois, malgré tout, faire la révolution, à quoi bon demander des réformes ? Si ces
réformes n'empêchent pas d'avoir recours aux
armes, à quoi bon envoyer des députés, les propo-
ser à la Chambre ? » S'il ne s'est pas tenu ce raisonnement sous la forme concrète où nous le présen-
tons — et qui, en effet, serait un peu trop au-dessus de l'intelligence moyenne des électeurs, —
c'est ce qui est ressorti des débats des réunions
électorales, c'est ce qui s'est présenté intuitivement
à son cerveau, et il a voté pour les radicaux qui lui
vantaient l'efficacité des réformes qu'ils lui promet-
taient, pour un petit nombre de possibilistes qui,
eux aussi, se sont mis à prêcher les vertus des
panacées parlementaires, les agrémentant et les
corsant — en vue de flatter les travailleurs — de

quelques attaques contre la bourgeoisie, se gardant
bien de parler de la révolution et trouvant plus de
profit à intriguailler avec les partis politiques pour
assurer l'élection de leurs candidats, se basant sur
l'adage : Passe-moi la casse, je te passerai le séné.

Autre vice rédhibitoire : le suffrage universel est
un moyen d'étouffer l'initiative individuelle que
nous proclamons et que nous devons, bien au contraire, chercher à développer de toutes nos forces.
C'est un instrument d'autorité et nous poursuivons
l'affranchissement intégral de l'individualité humaine ; c'est un instrument de compression et nous
cherchons à inspirer la révolte. Loin de pouvoir
nous servir, le suffrage universel ne peut que nous
entraver ; nous devons le combattre.

Disant aux individus de ne pas se donner de
maîtres, d'agir d'après leurs propres inspirations,
de ne pas subir de compression qui les force à faire
ce qui leur semble mauvais, nous ne pouvons pas,
sous peine d'être illogiques, leur dire de se plier
aux intrigues de coulisses d'un comité électoral, de
choisir des hommes qui seront chargés de leur faire
des lois auxquelles tous devront obéir, et entre les
mains desquels ils devront abdiquer toute volonté,
toute initiative.

Il y a là une contradiction flagrante qui devrait
frapper les moins clairvoyants ; car, cette contradiction nous briserait cette arme entre les mains,

en démontrant ce que nous serions réellement, si nous nous abaissions à ces moyens, de vulgaires farceurs.

On sait, de plus, quelle est l'imperfection de la nature humaine ; nous risquerions fort, dans notre choix, de tomber sur des ambitieux et des intrigants qui, une fois dans le milieu bourgeois, en profiteraient pour se créer une situation et lâcher les idées. Quant à ceux qui seraient sincères, nous les enverrions dans un milieu pourri où leur bonne foi ne pourrait que constater leur impuissance et se retirer, ou bien, se plier aux mœurs parlementaires et s'embourgeoiser à leur tour.

Or, nous qui cherchons à prémunir la masse contre l'engouement des individualités, qui cherchons à lui faire comprendre qu'elle n'a rien à en attendre, nous aurions tout bonnement travaillé à porter des individus au pinacle. La trahison de ces individus ne serait pas sans jeter quelque défaveur sur les idées. Il y en aurait beaucoup plus qui diraient : « Les anarchistes ne valent pas mieux que les autres », que de ceux qui savent séparer les individus des idées, et ne pas faire supporter aux unes la faiblesse et l'indignité des autres.

Après avoir perdu un temps précieux, usé des forces inutilement à faire triompher ces individus, il nous faudrait, à nouveau, perdre un autre temps, non moins précieux, user des forces non moins inutilement, pour démontrer que ces individus sont des traîtres, que leur trahison n'infirme en rien la justesse des idées préconisées, et nous recommencerions à présenter d'autres candidats ? — Allons donc ! Cette comparaison de la pomme pourrie qui gâte tout un panier de pommes saines est bien rebattue, mais elle est toujours vraie ; combien elle est plus vraie encore, lorsque c'est une pomme saine qu'il s'agit de mettre non plus dans un panier, mais dans tout un tombereau de pommes pourries. Nous n'avons donc pas à nous servir du suffrage universel, non seulement parce qu'il ne peut rien produire, mais surtout parce qu'il est contraire au but que nous poursuivons, — aux principes que nous défendons.

———

D'autres contradicteurs — et certains anarchistes avec eux — prétendent qu'en temps de révolution, il faudra — non pas l'autorité d'un chef, ils ne vont pas jusque-là — mais reconnaître la suprématie de quelqu'un et se subordonner aux aptitudes qu'on lui reconnaîtra !

Etrange anomalie, reste des préjugés dont nous sommes imbus, retour atavique de notre éducation qui fait que, proclamant la liberté à grands cris, nous reculons effrayés devant ses conséquences, arrivons à nier sa propre efficacité, et nous fait réclamer l'autorité pour conquérir... la liberté. — O inconséquence !

Est-ce que le meilleur moyen de devenir libres

n'est pas d'user de la liberté, en agissant au mieux de ses inspirations, en repoussant la tutelle de qui que ce soit ? A-t-on jamais vu commencer par entraver les jambes de l'enfant auquel on veut apprendre à marcher ?

Il y a des choses, nous dit-on, que certains individus connaissent mieux à fond que les autres, il sera bon, avant d'agir, de consulter ces individus et de subordonner nos actes à ce qu'ils nous enseigneront.

Nous avons toujours été de ceux qui ont dit que l'action individuelle n'excluait pas l'entente commune en vue d'une action collective ; que de cette entente découlait une organisation, une sorte de division du travail rendant chaque individu solidaire d'un autre, le poussant à adapter son action à celle de ses compagnons de lutte ou de production ; mais de là à reconnaître qu'il faille que chaque individu soit forcé d'abdiquer sa volonté entre les mains de celui qu'il reconnaîtrait plus apte à telle chose convenue, il y a loin.

———

Quand nous allons en partie de campagne, avec de nombreux amis, par exemple, et que nous nous en remettons aux connaissances de l'un de nous pour nous mener à l'endroit choisi, s'ensuit-il que nous l'avons fait notre maître, et que nous nous sommes engagés à le suivre aveuglément, partout

où il lui plaira de nous mener? Lui donnons-nous
la force pour nous y contraindre au cas où nous
refuserions de le suivre? — Non. — S'il y a parmi
nous quelqu'un qui connaisse le chemin, nous le
suivons par où il nous mène, parce que nous le
supposons capable de nous mener où nous voulons
nous rendre, que nous savons qu'il s'y rend lui-
même, mais nous n'avons rien abdiqué de notre
initiative et de notre volonté.

Si, au cours du voyage, l'un de nous s'apercevait
que celui auquel nous aurions laissé le soin de
diriger la troupe, se trompe ou voudrait nous
égarer, nous userions de notre initiative pour nous
renseigner et prendre au besoin le chemin qui nous
semblerait le plus direct ou le plus agréable.

Il ne doit pas en être autrement en temps de
lutte. D'abord, les anarchistes doivent renoncer à
la guerre d'armée contre armée, aux batailles ran-
gées en plaine, aux luttes de stratèges et de tacti-
ciens, faisant évoluer des corps d'armée, comme le
joueur d'échecs fait évoluer ses pions sur la table
de jeux. La lutte devra se porter principalement à
détruire les institutions, flamber les actes de propriété, plan de cadastre, procédures de notaires et
avoués, registres de perceptions, renversement des
bornes de partages, destruction des actes d'état-
civil, etc. Expropriation des capitalistes, prise de
possession au nom de tous, mise à la libre disposi-
tion de la masse des objets de consommation, tout

cela est l'œuvre de groupes restreints et éparpillés, œuvre d'escarmouches et non de batailles régulières. Et c'est cette guerre que les anarchistes devront chercher à développer partout, pour harceler les gouvernements, les contraindre à disperser leurs forces, les mettre sur les dents et les décimer en détail.

Pas besoin de chefs pour ces coups de main. Sitôt que quelqu'un s'aperçoit de ce qu'il y a à tenter, il prêche d'exemple en agissant afin d'entraîner les autres, qui le suivent s'ils sont partisans de l'entreprise, mais ne font pas, de par le fait de leur adhésion, abdication de leur initiative en suivant celui qui leur a semblé le plus apte à diriger l'entreprise, d'autant plus que si, au cours de la lutte, un autre s'aperçoit de la possibilité d'une autre manœuvre, il n'ira pas demander au premier l'autorisation de la tenter, mais en fera part à ceux qui luttent avec lui. Ceux-ci, à leur tour, selon qu'elle leur semblera praticable, y contribueront ou la repousseront.

En anarchie, celui qui sait apprend à ceux qui ne savent pas; celui qui est le premier à concevoir une chose la met en pratique en l'expliquant à ceux qu'il veut entraîner, mais il n'y a pas d'abdication temporaire, il n'y a pas d'autorité, il n'y a que des égaux qui s'aident mutuellement, selon leur faculté respective, n'abandonnant rien de leurs droits, rien de leur autonomie. — Le plus sûr moyen de faire triompher l'anarchie, c'est d'agir en anarchiste.

Il en serait de même si nous voulions passer en revue tous les moyens de lutte qui nous sont proposés. Ainsi, en haine de la propriété, certains anarchistes en sont arrivés à justifier le vol et, poussant la théorie jusqu'à l'absurde, n'ont pas de blâme pour le vol entre camarades.

Certes, nous ne prétendons pas faire le procès du voleur, nous laissons cette besogne à la société bourgeoise dont il est le produit; seulement, en combattant pour la destruction de la propriété individuelle, ce que nous avons principalement en vue de détruire, c'est l'appropriation, par quelques-uns, au détriment de tous, de tous les moyens d'existence. — Or, pour nous, tous ceux qui, par n'importe quels moyens, cherchent à se créer une situation qui leur permette de vivre en parasites sur la Société, sont des bourgeois et des exploiteurs quand même ils ne vivraient pas directement du travail des autres, et le voleur n'est qu'un bourgeois sans capitaux qui, ne pouvant nous exploiter légalement, cherche à le faire illégalement, sans préjudice, du jour où il serait propriétaire, de devenir un fervent admirateur du juge et du gendarme.

Que prêchons-nous, partisans de la revolution, pour y arriver plus sûrement? Le redressement de la dignité humaine, le relèvement des caractères, l'indépendance de la volonté qui vous fait cabrer sous un ordre, vous fait insurger contre le despotisme et repousser ce qui vous semble faux et absurde.

Or, tous les moyens détournés, tous les expédients qui vous forcent à des platitudes, à des mesquineries, à des petitesses pour éviter un texte, tourner une loi, sont, selon nous, nuisibles à la propagande et sont contraires au but poursuivi ; car ils vous forcent à des bassesses que nous repoussons dans d'autres cas, et, au lieu de relever les caractères, les abaissent et les dépriment, en les habituant à user leur volonté dans de petits moyens : ainsi, par exemple, autant nous approuvons et nous voudrions voir se renouveler les actes de l'individu qui, poussé à bout par la mauvaise organisation sociale, s'empare de vive force et au grand jour de ce dont il a besoin, revendiquant hautement son droit à l'existence, autant les faits rentrant dans la série des vols ordinaires nous laissent froids et indifférents ; car ils ne comportent pas avec eux le caractère de revendication que nous voudrions voir s'attacher à chaque acte de propagande.

———

C'est comme la propagande par le fait ; combien a-t-on ergoté là-dessus, que d'erreurs n'a-t-on pas

débitées à ce propos, aussi bien ceux qui la combattent que ceux qui la préconisent?

La « propagande par le fait » n'est autre chose
que la pensée mise en action et, dans le chapitre
précédent, nous avons vu que, sentir profondément
une chose, c'était vouloir la réaliser, cela répond
amplement aux détracteurs; mais, par contre, certains anarchistes plus emballés qu'éclairés ont
voulu à leur tour tout accommoder à la propagande,
par le fait : tuer des bourgeois, assommer des
patrons, incendier les usines, les monuments, ils
ne voyaient que cela; quiconque ne parlait pas de
tuer ou d'incendier, n'était pas digne de se dire
anarchiste.

Or, de l'action nous en sommes; nous l'avons
déjà dit, l'action est la floraison de la pensée, mais
encore faut-il que cette action ait un but, soit consciente de ce qu'elle fait, qu'elle aboutisse à un
résultat cherché et ne se tourne pas contre lui.

Prenons, par exemple, l'incendie d'une usine
en pleine activité; elle occupe 50, 100, 200, ou
300 ouvriers, le chiffre importe peu. Le directeur
de cette usine est dans la moyenne des patrons, il
est de ceux ni trop bons ni trop mauvais, dont on
ne dit rien; évidemment, si l'on incendie cette usine
sans rime ni raison, cela n'aura d'autre effet que de
mettre les ouvriers sur le pavé; ceux-ci furieux de
la misère momentanée où ce fait les aura réduits,
n'iront pas chercher les raisons qui auront fait agir

les auteurs de cet acte, ils feront certainement tomber toute leur colère contre les incendiaires et contre les idées qui leur auront mis la torche à la main. Voilà les conséquences d'un acte non raisonné.

Mais, supposons, au contraire, un état de lutte entre patrons et ouvriers ; une grève quelconque. Dans cette grève, il y a certainement des patrons qui, plus féroces que les autres, ont, par leurs exactions, nécessité cette grève, ou par leurs intrigues la font durer en amenant leurs collègues à résister aux demandes des grévistes ; certainement ces patrons attirent sur eux l'animadversion des travailleurs. Supposons un de ces patrons exécuté au coin d'une borne, avec un écriteau expliquant qu'il a été tué comme exploiteur ou bien son usine incendiée pour les mêmes motifs. Là pas moyen de se tromper sur les raisons qui auraient fait agir les auteurs de ces actes, et nous pouvons être certains qu'ils seraient applaudis de tout le monde travailleur. Voilà l'acte raisonné ; ce qui prouve qu'ils doivent toujours découler d'un principe directeur.

« La fin justifie les moyens », devise des Jésuites que certains camarades croient bon d'appliquer à l'anarchie, mais qui n'est applicable, en réalité, qu'à celui qui cherche la satisfaction égoïste de besoins purement personnels, sans s'occuper de ceux qu'il froisse ou blesse en sa route ; mais lorsqu'on en cherche la satisfaction dans la pratique de la solidarité et de la justice, les moyens employés doivent toujours être appropriés à la fin, sous peine de produire le contraire de ce que l'on en attend.

XVIII

RÉVOLUTION ET ANARCHIE

Si, parmi les anarchistes, il y a cette divergence
dans la manière d'envisager les moyens d'action,
cela provient de ce que certains, plus emportés par
le tempérament que retenus par les idées, tout en
croyant combattre pour l'anarchie, n'ont en vue
que la Révolution, s'imaginant qu'elle comporte,
de par son essence même, tout l'idéal anarchiste,
absolument comme les républicains de jadis s'ima-
ginaient voir s'ouvrir une ère de grandeur et de
prospérité pour tous, sitôt que la République serait
proclamée. Inutile de faire ressortir les déceptions
qui se sont succédé dans la masse ouvrière depuis
la mise en application du régime républicain; pré-
munissons-nous contre celles, non moins terribles,
qui nous attendraient, si nous nous habituions à

tout attendre de la Révolution, si nous en faisions un but, tandis qu'elle n'est qu'un moyen.

———

Ces amis partent de ce principe — louable en soi — dont ils sont pénétrés : que l'on peut grouper des éléments en vue de faire la révolution ; que l'on peut devenir assez nombreux pour tenter des soulèvements ; créer des situations où la Révolution éclatera et que les groupements révolutionnaires organisés pourront faire évoluer dans la direction qu'il leur conviendra de lui imprimer. De là leur acceptation de certains moyens qui leur semblent aptes à hâter ce moment révolutionnaire ; de là leurs efforts pour essayer de grouper tout ce qui leur semble révolutionnaire, sur un programme mixte, en laissant de côté certains détails, certaines nuances qui empêcheraient l'entente, et les forceraient à éliminer des individus qui leur semblent des tempéraments révolutionnaires.

Nous autres, au contraire, nous sommes persuadés que la Révolution viendra en dehors de nous, avant que nous soyons assez nombreux pour la provoquer ; nous pensons que l'organisation vicieuse de la Société nous y mène fatalement et que la crise économique se compliquant d'un fait politique quelconque, suffira à mettre le feu aux poudres et à faire éclater ce mouvement que nos amis veulent provoquer.

Pour tous ceux qui ne se paient pas de mots, ne

se cachent pas la tête, sous l'aile, pour ne pas voir les faits, il est de toute évidence que la situation ne peut se prolonger bien longtemps. Le mécontentement est général ; c'est lui qui a donné tant de force au mouvement boulangiste qui n'a avorté que par la bêtise et la couardise de ceux qui étaient à sa tête. Mais ce que ceux-ci ont raté, d'autres peuvent le réussir.

S'il n'a plus l'acuité qu'il avait atteinte sous le mouvement boulangiste, le mécontentement n'en existe pas moins, aussi étendu, aussi profond. Loin de s'apaiser, la crise commerciale augmente, l'embauchage des travailleurs devient de plus en plus difficile, ceux qui chôment voient augmenter la durée de leurs repos forcés, l'armée des sans-travail devient de plus en plus nombreuse. L'hiver nous ramènera ces longues théories de mendiants grelottant sous les morsures du froid et de la faim, attendant, anxieusement, à la porte des casernes, des hôpitaux, des restaurants et de certains philanthropes, l'heure de la distribution d'une soupe ou d'un morceau de pain.

Et comme cette situation ne peut se prolonger, comme les individus finiront par se lasser de crever de faim, ils se révolteront.

———

Or, nous pensons que, dans cette révolution, l'action anarchiste sera d'autant plus forte, que nos idées se seront davantage propagées ; qu'elles au-

ront été bien comprises, bien élucidées, complètement débarrassées de tout le fatras de préjugés
que nous ont laissé l'habitude, l'hérédité et l'éducation. Ce que nous cherchons donc, avant tout,
c'est à préciser les idées, à les répandre, à grouper
des camarades conscients, évitant toute concession
qui pourrait voiler un co n de notre idéal, ne voulant pas, sous prétexte d'augmenter notre nombre,
accepter aucune alliance, aucune compromission
qui, à un moment donné, pourrait devenir une
entrave, ou laisser planer un doute sur ce que
nous voulons.

Encore une fois, pour nous, la révolution n'est
pas un but, c'est un moyen, inévitable certainement, auquel, nous en sommes persuadés, on devra
avoir recours, mais qui n'a de valeur qu'en vue du
but auquel on veut le faire servir. Laissons à la société, par ses criantes injustices, le soin de faire des
révolutionnaires en créant des mécontents, des révoltés ; cherchons, nous, à faire des individus, conscients, sachant ce qu'ils veulent, en un mot des
anarchistes parfaits, révolutionnaires certainement,
mais ne s'arrêtant pas au coup de force, sachant à
quoi il doit servir.

Ici, nous savons sûrement ce que nous répon-
dront certains contradicteurs. Ils nous diront :
« Qu'ont produit, jusqu'à présent, vos belles théories sur l'initiative, sur la spontanéité des indivi-

dus? Que font vos groupes disséminés, sans relations? N'avez-vous pas vous-mêmes à combattre des
actes et des théories que l'on essaie de faire passer
sous le couvert de l'anarchie et que vous refusez
d'accepter comme tels ? »

Il est bien évident que la propagande anarchiste
est loin d'avoir rendu tous les résultats que comporte son extension, qu'elle est loin d'avoir été comprise de tous ceux qui s'en proclament les défenseurs ; mais cela prouve justement la nécessité de
les élaborer davantage, de ne pas craindre de se répéter, afin de concentrer l'attention sur les points
que l'on veut élucider.

Et, du reste, si les efforts des anarchistes manquent, tant soit peu, d'une coordination consciente,
d'organisation réelle, tangible, ces efforts n'en sont
pas moins considérables. Ils ont, du moins, l'esprit
de suite, la coordination que donne la vision commune d'un même but poursuivi et nettement défini.
Que ce soit en France, en Espagne, en Italie, en
Angleterre, en Amérique ou en Australie, les anarchistes veulent la suppression de la propriété individuelle, la destruction de l'autorité, l'autonomie
complète de l'individu sans restriction aucune.
Voilà le fond commun de l'idée.

———

Certes, il peut y avoir des divergences dans
l'emploi des moyens pour y arriver, on n'a pas encore atteint l'idéal ; mais, insensiblement, on s'y

achemine, et, lorsque l'on sera arrivé à ne plus avoir peur de certains mots sous lesquels on confond des choses dissemblables, on ne tardera pas à voir s'établir une entente et une organisation vraiment sérieuses et entièrement libertaires entre les différents groupes internationaux, entente et organisation d'autant plus durables, qu'elles découleront de la pratique des faits et non d'une entente factice, faite de concessions.

Quant à savoir s'il y a des actes et des théories desquels on doit se séparer, il est bien évident qu'il y a un genre de propagande — certainement sou͞doyé — qui s'est glissé parmi nous et que l'exagération de tempérament de certains camarades, de bonne foi, a contribué à propager, contre lequel nous devons nous prémunir de toutes nos forces.

Mais ce n'est pas en criant contre les principes, ce n'est pas en poussant seulement à la révolution que l'on arrivera à se garer des faux frères, des fausses idées, des faux principes. Il n'y a qu'un moyen de séparer les idées anarchistes des idées émises en vue de dévoyer ce mouvement : travailler encore plus à les élucider, écheniller encore davantage notre manière de procéder de tous les restants de préjugés autoritaires, faire que ceux auxquels nous nous adressons nous comprennent et soient à même de discerner si tel acte est anarchiste, tel autre contraire ; cela sera bien plus efficace que de procéder à des exclusions en bloc.

Certainement, pour ceux qui sont impatients de voir réaliser notre rêve de bonheur et d'harmonie, ce qui se passe actuellement dans nos rangs, peut les décourager et les désespérer de voir jamais sortir l'entente du chaos d'idées qui, sous le nom d'anarchie, font plus ou moins la guerre à la bourgeoisie. Mais n'est-ce pas le propre de toute idée nouvelle qui vient détruire l'ordre de choses existant, de créer momentanément le chaos et le désordre ?

Encore une fois, laissons les impatients jeter leur feu, précisons les idées et les théories devenant plus réfléchies, plus conscientes, se coordonneront d'autant mieux qu'elles n'auront rien d'imposé, que l'on n'aura apporté aucune entrave à la libre évolution des esprits. Nous ne saurions trop le répéter, c'est en développant l'idée anarchiste que l'on crée des hommes conscients et que nous augmentons les chances de réussite de la révolution.

Ce qui a contribué à jeter beaucoup de camarades dans cette erreur que les principes étaient une chaîne, une entrave dans la lutte, c'est que, voyant justement cette cacophonie d'idées et d'efforts, désespérant de voir se grouper une force suffisante en vue de la révolution, ils traitent de métaphysique la discussion approfondie sur les idées, et ne trouvant pas dans notre propre fonds cette force qu'ils se figurent pouvoir saisir par des moyens autres, en reviennent aux moyens autoritaires qu'ils croient naïvement avoir dépouillés de toute autorité, parce qu'ils en ont changé les noms. Impatients de la lutte, ils ne s'aperçoivent pas que, tout en paraissant isolés, les efforts des combattants n'en convergent pas moins vers le même but, qu'il ne manque, à cette coordination, que d'être raisonnée pour avoir toute la force qu'ils veulent lui donner et que cela ne viendra qu'en diffusant davantage les idées.

Nous voulons, disent ces compagnons, quand un camarade nous promet son concours, pouvoir compter sur lui, et que, sous prétexte de liberté, d'autonomie individuelle, il ne vienne pas à nous manquer de parole le jour de l'action venue.

Nous sommes complètement de l'avis de ces camarades; mais nous estimons aussi que c'est affaire à la propagande de démontrer aux individus qu'ils ne doivent s'engager que s'ils sont certains de pouvoir tenir; qu'une fois engagés, il y a question d'honnêteté à remplir ses promesses. Certainement c'est encore ici la question de lutte contre ces idées dissolvantes que nous signalions plus haut, mais encore une fois c'est à notre propagande à démontrer les bons effets d'une entente et d'une confiance complètes entre compagnons. Que pourraient bien faire tous les engagements pris et exigés au préalable? Quand on inscrirait, en caractères colossaux, dans les programmes préparés d'avance que les individus doivent être liés par les engagements qu'ils prennent, que faire si l'on n'a en mains aucune force pour contraindre ceux qui violeraient lesdits engagements? Ecoutons moins nos impatiences et plus la raison et nous verrons que la métaphysique n'est pas toujours où on la suppose.

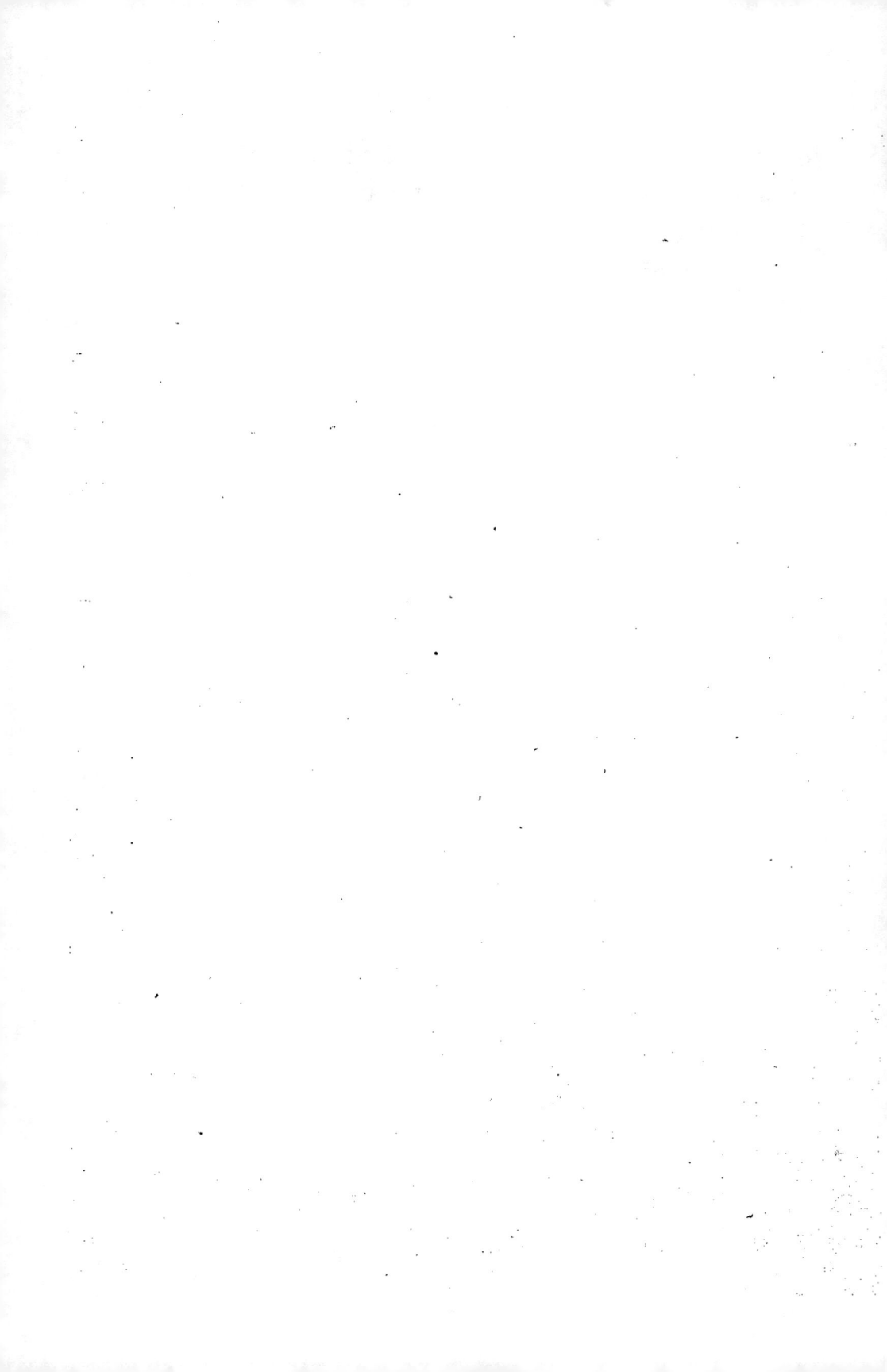

XIX

EFFICACITÉ DES RÉFORMES

En traitant la question : *Pouquoi nous sommes révolutionnaires*, nous avons essayé de démontrer que la misère et le mécontentement engendrés par la mauvaise organisation sociale nous mènent tout droit à la révolte, et que, contraints, par la force des choses, à prendre part à cette révolution, nous avions tout intérêt à nous y préparer. Il y a une autre raison dont nous n'avons parlé qu'incidemment et qui est très importante aussi, car elle explique pourquoi les anarchistes ne s'attardent pas à lutter pour l'obtention de certaines réformes présentées aux travailleurs comme des panacées ou des moyens évolutifs d'arriver graduellement à leur émancipation.

Nous avons à démontrer que, étant donnée l'organisation capitaliste, la séparation de la Société en deux classes dont l'une vit aux dépens de l'autre, aucune amélioration ne peut être apportée à la classe exploitée, sans amoindrir les privilèges de la classe exploitante, et que, par conséquent, ou la réforme est illusoire, un appel dont on se sert pour endormir le travailleur et lui faire user ses forces à la conquête de bulles de savon qui lui éclateront dans les mains chaque fois qu'il voudra s'en saisir, ou bien si vraiment elle pouvait changer la situation, la classe privilégiée qui détient le pouvoir fera tous ses efforts pour en empêcher l'application ou la faire tourner à son profit, et il faudra toujours en venir à cet *ultima ratio :* la force.

Nous ne voulons certainement pas passer en revue toutes les réformes inventées par des politiciens aux abois, ni faire la critique de tous les canards électoraux couvés par les solliciteurs de mandats : il nous faudrait écrire des centaines de volumes.

Nous pensons avoir suffisamment démontré que les sources de la misère découlaient de la mauvaise organisation économique ; le lecteur comprendra que nous laissions, par conséquent, de côté toutes celles qui ont trait à des changements politiques. Quant aux réformes économiques qui vaudraient la peine d'être discutées, elles sont fort peu nombreuses et faciles à énumérer :

L'Impôt sur le revenu ;

La réduction des heures de travail et fixation d'un salaire minimum ;

L'élévation des impôts sur les héritages et l'abolition de ces derniers pour les collatéraux.

Citons pour mémoire la formation des syndicats et leur transformation en sociétés coopératives de production, ét nous aurons énuméré tout le bagage réformateur de ceux qui veulent transformer la Société par évolution: Comme quantité, c'est maigre ; voyons la qualité.

————

L'impôt sur le revenu! Il y a longtemps qu'on la préconise cette panacée, mais elle semble avoir perdu un peu de sa faveur. C'est une de celles que les politiciens ont le plus fait miroiter aux yeux des travailleurs ; une de celles aussi qui ont eu le plus de crédit, car elle paraissait vouloir faire supporter aux riches les dépenses de l'Etat, elle semblait vouloir rétablir l'équilibre entre les citoyens en faisant payer à chacun, pour les dépenses de la Société, selon les services qu'il en reçoit.

Mais il suffira d'étudier le mécanisme de la Société, de rechercher quelles sont les sources de la richesse, pour nous rendre compte que la prétendue réforme ne réformerait rien, qu'elle n'est qu'un leurre grossier destiné à égarer les travailleurs, en leur faisant espérer des améliorations qui ne viendront jamais, tout en les empêchant de rechercher

quelles sont les véritables moyens propres à les
émanciper.

———

Eh! sans doute, il doit bien y avoir quelques
bourgeois qui s'effraient réellement au simple
énoncé de cette réforme, et se voient déjà « spoliés »
au profit de la « vile multitude » ; la bourgeoisie
est peuplée de ces trembleurs qui s'effraient au
moindre bruit, se cachent à la moindre alerte, mais
beuglent comme des veaux lorsqu'on fait mine de
toucher à leurs privilèges.

Peut-être y a-t-il aussi, parmi ceux qui la pro-
posent, quelques individus d'assez bonne foi pour
croire à son efficacité? Les criailleries des uns, la
naïveté des autres contribuent admirablement à
tromper les travailleurs, à leur faire prendre au
sérieux l'amusette qui les empêche de tendre l'o-
reille quand on leur démontre qu'ils n'ont rien à
espérer de leurs exploiteurs, que leur émancipation
ne pourra être réelle que du jour où il n'y aura plus
de privilèges.

———

Au temps de la Dîme, les travailleurs savaient à
quoi s'en tenir sur ce qu'ils payaient à leurs maîtres
et tyrans : Tant pour le seigneur, tant pour le curé,
tant pour celui-ci, tant pour celui-là. A la fin, ils
s'apercevaient qu'il ne leur restait plus grand'chose
pour eux. Ils firent une révolution. La bourgeoisie
s'empara du pouvoir : le peuple s'étant battu pour

abolir la Dîme, il n'aurait pas été politique de la
rétablir, la bourgeoisie inventa l'impôt et les con-
tributions indirectes. De cette façon, la dîme est
toujours prélevée, mais ce sont les capitalistes, les
trafiquants et autres intermédiaires qui font l'a-
vance des sommes prélevées au bénéfice de l'Etat,
quitte à se rattraper royalement sur les poches
des producteurs et des consommateurs, et comme
ceux-ci n'ont pas affaire directement au fisc, ils ne
peuvent se rendre un compte exact de ce qu'ils ont
à payer pour leur part, et tout va pour le mieux
dans le meilleur des mondes bourgeois possibles.

On a, dit-on, 130 à 140 francs d'impôts par
tête et par an à payer en France ; qu'est-ce que
cela? Pourquoi se priver du plaisir d'avoir un
gouvernement qui s'occupe de votre bonheur pour
une si modique somme; c'est vraiment pour rien et
on serait bête de s'en priver. — C'est en effet pour
rien, et le travailleur ne s'aperçoit pas qu'étant le
seul à produire, il est le seul à payer : il a, non-
seulement sa quote-part à solder, mais aussi la
quote-part de tous les parasites qui vivent déjà du
produit de son travail.

——————

C'est que, quels que soient les sophismes dont
les économistes bourgeois ont essayé d'étayer leur
système pour justifier l'existence des capitalistes,
il est un fait bien certain, c'est que le Capital ne se
reproduit pas de lui-même et ne peut être que le

produit du travail; or, comme les capitalistes ne
travaillent pas eux-mêmes, leur capital n'est donc
que le fruit du travail des autres. Tout ce commerce
d'individu à individu, de peuple à peuple, tous ces
échanges, tout de transit, ne sont que le fait du travail, et le bénéfice qui reste aux intermédiaires est
la dîme arrachée par les possesseurs du Capital sur
le Travail des producteurs.

Est-ce par l'argent dépensé que la terre produit
le blé, les légumes, les fruits qui doivent nous
nourrir? le chanvre et le lin dont nous devons nous
vêtir? les pâturages qui doivent engraisser les animaux dont nous tirons notre subsistance? Est-ce
par la force seule du Capital que les mines nous
donnent les métaux qui serviront à l'industrie, à
fabriquer l'outillage et les ustensiles qui nous sont
nécessaires? Est-ce le capital qui transforme la
matière première et la façonne en objets de consommation? Qui oserait le prétendre? L'économie politique elle-même, qui a pour but de tout rapporter
au Capital, ne va pas jusque-là; elle essaie seulement de démontrer que le Capital étant indispen-
sable pour la mise en œuvre de toute exploitation,
il a droit à une part — la plus forte — pour les
risques et aléas qu'il est censé courir dans l'entreprise.

———

Pour prouver l'inutilité du Capital, qu'il nous
suffise de renouveler l'hypothèse tant de fois citée:

imaginer la disparition de toutes les valeurs moné-
taires : or, argent, billets de banque, effets de
commerce, traites, chèques et autres valeurs d'é-
changes, est-ce que pour cela l'on s'arrêterait de
produire ? Est-ce que le paysan cesserait de cultiver
son lopin, le mineur d'arracher sa subsistance à la
mine, l'ouvrier de fabriquer des objets de consommation ? Est-ce que les travailleurs ne trouveraient
pas moyen de se passer de numéraire dans l'é-
change de leurs produits et de continuer à vivre et
à produire sans monnaie ?

La réponse affirmative à ces questions nous
amène à conclure que le Capital n'est, pour les parasites, qu'un moyen de masquer leur inutilité, de
justifier leur intermédiaire qu'ils imposent aux
producteurs pour prélever la dîme sur le travail des
autres. Aussi, quel que soit le moyen qu'emploiera
l'État pour les atteindre dans leurs revenus, ces at-
teintes retomberont, en fin de compte, sur les producteurs, puisque déjà les revenus ne découlent que
du travail.

Plus forte sera la charge dont on les accablera,
plus lourdement elle retombera sur les travailleurs,
grossie qu'elle sera par les intermédiaires ; et, en
fin de compte, la réforme tant vantée se sera transformée, de par le fait de la mauvaise organisation
sociale, en un moyen plus grand d'exploitation et de
vol.

Après l'impôt sur le revenu qui a eu son heure de succès, la réforme la plus vantée à l'heure actuelle est la réduction des heures de travail avec la fixation d'un salaire minimum.

Régler — en faveur des ouvriers — les rapports du Travail et du Capital, obtenir de ne travailler que huit heures au lieu de douze, semble, à première vue, un progrès énorme, et rien d'étonnant à ce que beaucoup s'y laissent prendre, emploient toutes leurs forces à obtenir ce palliatif, croyant travailler à l'émancipation de la classe prolétarienne.

Mais au chapitre de l'*Autorité*, nous avons vu que celle-ci n'avait qu'un rôle, défendre l'ordre de choses existant ; par conséquent, demander que l'État intervienne dans les rapports sociaux entre le Travail et le Capital, c'est faire preuve du plus grand illogisme, car son intervention ne peut être que profitable à celui dont il est le défenseur.

En étudiant la réforme de l'impôt, nous avons vu que le rôle du capitaliste était de vivre aux dépens du producteur ; or, c'est se moquer abominablement des travailleurs que de leur conseiller d'aller demander aux bourgeois de restreindre leurs bénéfices quand ils usent de tous les moyens pour les augmenter. Il a fallu des révolutions pour obtenir de simples changements politiques qui étaient loin d'avoir cette importance.

Si la journée de travail était réduite à huit
heures, disent les défenseurs de cette réforme, cela
diminuerait les chômages qui proviennent de la
trop grande production, tout le monde travaillerait,
cela permettrait aux ouvriers de faire augmenter
leur salaire par la suite.

A première vue ce raisonnement semble logique,
mais rien de plus faux pour qui s'est rendu compte
des phénomènes engendrés par l'organisation vicieuse de ce que l'on est convenu d'appeler la Société d'aujourd'hui.

Au chapitre *Propriété*, nous avons démontré que,
si les magasins regorgent de produits, ce n'est pas
parce que la production est trop grande, mais bien
parce que la plus grande partie des producteurs est
réduite à la misère et ne peut consommer selon ses
besoins ; le moyen le plus logique pour le travailleur, pour s'assurer du travail, serait, par conséquent, de s'emparer des produits qu'il a fabriqués,
dont on l'a frustré, et de les consommer. Nous ne
nous étendrons donc pas davantage sur ce sujet; il
ne nous reste qu'à démontrer que ce n'est pas l'application de cette réforme qui apportera aux travailleurs le moindre avantage pécuniaire.

***

Quand un bourgeois engage ses capitaux dans une
industrie, c'est qu'il espère que cette industrie fera
fructifier lesdits capitaux. Or, dans l'état actuel, le
patron estime qu'il lui faut dix, onze et douze

heures, pour tirer d'un ouvrier le bénéfice auquel il l'a taxé. Réduisez la journée de travail à huit heures le patron se trouvera lésé, ses calculs dérangés ; mais, comme il faut que ses capitaux lui rapportent tant pour cent, que son travail à lui, capitaliste, consiste à trouver ce bénéfice, acheter le meilleur marché possible et revendre le plus cher qu'il peut, en un mot, voler tous ceux avec lesquels il opère des transactions (voilà son rôle), il cherchera une combinaison nouvelle pour rattraper ce qu'on aura voulu lui enlever.

Trois moyens se présenteront à lui : ou augmenter le prix de ses produits, ou diminuer le salaire de ses ouvriers, ou bien faire produire à ce dernier, en huit heures, la même somme de travail qu'il produisait en douze.

Les promoteurs de la réforme ont paré à un de ces moyens en demandant la fixation d'un salaire minimum ; il est probable que les patrons ne se baseront guère sur l'augmentation de leurs produits, gênés qu'ils seront par la concurrence ; en tout cas, la cherté des vivres suivant la progression des salaires nous prouve que le travailleur ne tarderait pas à supporter tout le poids de la réforme, et, si le salaire actuel lui était conservé pour huit heures de travail, il serait plus misérable qu'à l'heure actuelle, car l'augmentation des objets de consommation lui rendrait ce salaire inférieur.

L'Amérique du Nord, l'Amérique du Sud, ne

sont-elles pas là pour nous prouver que, partout où l'ouvrier est arrivé à se faire payer de forts salaires, les objets de consommation ont augmenté proportionnellement et que s'il est parvenu à se faire payer vingt francs par jour, il lui en faudrait vingt-cinq pour vivre, comme peut vivre un ouvrier *gagnant bien sa vie*, de sorte qu'il a toujours été au-dessous de la moyenne.

Mais, en ces temps de vapeur et d'électricité, la concurrence ne permet pas de s'attarder : il faut produire vite et à bon marché. Ce n'est donc pas sur l'augmentation de leurs produits que chercheront à se rattraper les exploiteurs. C'est le dernier moyen, produire en huit heures ce que l'on produisait en douze, qui est tout indiqué aux exploiteurs soucieux de sauvegarder leurs « bénéfices ».

Il faudra que le travailleur produise plus vite ; par conséquent, l'encombrement de produits que l'on aura voulu empêcher, les chômages que l'on aura voulu éviter, surviendront comme par le passé, puisque la production sera la même et que le travailleur n'aura pas été mis à même de consommer davantage.

Mais les inconvénients de ladite amélioration ne se borneront pas à cet insuccès, il y en a d'autres plus sérieux : d'abord la réduction de la journée de travail aura pour effet d'activer le perfectionnement de l'outillage mécanique et de pousser au remplacement du travailleur en chair par le travailleur en fer ; ce qui, dans une société bien organisée, serait un progrès, mais se trouve être une aggravation de misère pour le travailleur dans la société actuelle.

De plus, l'ouvrier étant obligé de produire plus vite, il sera obligé, par conséquent, d'activer ses mouvements, de concentrer davantage son attention sur son travail ; tous les ressorts de son être se trouveront ainsi dans un état de tension continuelle, bien plus préjudiciable à sa santé que la prolongation de travail.

La durée est moins longue, mais étant dans l'obligation de dépenser beaucoup plus de forces en beaucoup moins de temps, il se fatiguera plus et plus vite.

Si nous regardons l'Angleterre qui nous est donnée en exemple par les partisans de ce projet, où la journée de neuf heures est en vigueur, nous verrons que, loin d'être une « amélioration » la journée réduite est, au contraire, une « aggravation » pour les travailleurs. C'est chez Karl Marx, l'oracle de ceux qui ont mis ce beau projet en avant, que nous irons chercher les preuves à l'appui.

———

Par exemple, si nous ouvrons le *Capital* dudit Marx, nous trouvons à la page 105 ce fragment d'un rapport d'inspecteur d'usine : « Pour maintenir notre quantité de produits, dit la maison Cochrane de la *Brittain Pottery Glascow*, nous avons eu recours à l'emploi, en grand, des machines qui rendent superflus les ouvriers habiles, et chaque jour nous démontre que nous pouvons produire beaucoup plus qu'avec l'ancienne méthode. » ... « La loi de fabrique, (loi des neut heures) a eu pour effet de pousser à l'introduction des machines. »

A la page 180 du même livre : « Bien que les inspecteurs de fabrique ne se lassent pas, et avec grande raison, de faire ressortir les résultats favorables de la législation de 1844 et de 1850, ils sont néanmoins forcés d'avouer que le raccourcissement de la journée a déjà provoqué une condensation de travail qui *attaque la santé de l'ouvrier* et, par conséquent, sa force productive elle-même. »

« Dans la plupart des fabriques de coton, de soie, etc., l'état de surexcitation qu'exige le travail aux machines, dont le mouvement a été extraordinairement accéléré dans les dernières années, paraît être une des causes de la mortalité excessive par suite des affections pulmonaires que le docteur Grennhown a signalées dans son dernier et admirable rapport. *Il n'y a pas le moindre doute* que la tendance du Capital à se rattraper sur l'intensification systématique du travail (dès que la prolongation de la journée lui est interdite par la loi), et à transformer chaque perfectionnement du système mécanique en un nouveau moyen d'exploitation, doit conduire à un point où une nouvelle diminution des heures de travail deviendra inévitable. »

Remplacement du travailleur par des machines, augmentation des chances de maladies pour ceux qui restent à l'atelier, annihilation de la réforme au point de ramener la situation à son point de départ — sans compter les aggravations en plus — voilà les avantages de la bienheureuse réforme. Est-ce assez concluant?

———

Ici, les partisans du système des huit heures nous disent : « Oui, mais ce progrès du machinisme s'accomplira quand même, tout en travaillant douze heures, et puisque la limitation de la journée doit apporter une amélioration temporaire, en nous permettant de ne rester que huit heures à l'atelier au lieu de douze, c'est un progrès moral dont nous nous contentons en attendant mieux. » — Cela part d'un bon naturel et prouve que les partisans de ladite réforme ne sont pas difficiles à contenter ; mais nous, anarchistes, qui sommes plus exigeants, nous estimons que c'est perdre son temps que de courir après des réformes qui ne doivent rien réformer. A quoi bon se faire les propagandistes d'une chose qui n'est bonne que tant qu'elle n'est pas mise en application, et qui, quand elle y est, doit se tourner contre le but proposé. Certainement le progrès de l'outillage poursuit son œuvre, mais, actuellement, il est entravé par la sainte routine qui va son petit train-train.

On sait quels efforts il faut déployer pour faire

adopter une nouvelle invention : les exploiteurs
étant mis en demeure de perdre leurs bénéfices ou
rompre avec la routine, l'effet sera d'accélérer la
marche des événements et d'avancer cette Révolution Sociale que nous sentons proche. Or, comme
cette révolution est inévitable, nous ne voulons pas
être surpris par elle, nous voulons être prêts à en
profiter, au mieux de nos idées, lorsqu'elle se présen-
tera. Nous cherchons à faire comprendre aux travailleurs qu'ils n'ont rien à gagner à ces amusettes
et que la Société n'est transformable qu'à condition
de détruire les institutions qui la régissent.

––––––––

Oh ! l'organisation de cette Société d'exploitation, qui nous écrase, est trop bien combinée ; il ne
suffit pas de modifier ses rouages, d'améliorer sa
manière de procéder, pour croire que l'on en va
changer les effets. Nous l'avons vu, toute amélioration nouvelle, tout perfectionnement apporté à
son outillage se tourne immédiatement contre ceux
qui travaillent, en devenant un moyen d'exploitation pour ceux qui se sont érigés en maîtres de la
richesse sociale. Si vous voulez que le progrès
profite à tous, si vous voulez que le travailleur
arrive à s'émanciper, commencez par détruire la
cause des effets que vous voulez supprimer.

La misère des travailleurs provient de ce qu'ils
sont forcés de produire pour une foule de parasites

qui ont su détourner à leur profit la meilleure part
de substances. Si vous êtes sincères, ne perdez pas
votre temps à vouloir concilier des intérêts antago-
nistes, ne cherchez pas à améliorer une situation
qui ne peut rien produire de bon : détruisez le parasitisme. Mais comme on ne peut attendre cela de la
part d'individus qui ne sont que des parasites eux-
mêmes, que ce ne peut être l'œuvre d'une loi, voilà
pourquoi il faut détruire le système d'exploitation et
non l'améliorer.

————

En dehors de ces deux réformes, il en est une
troisième à laquelle quelques esprits, éclairés pourtant, attachent quelque efficacité, c'est l'augmentation de l'impôt sur l'héritage en ce qui concerne
les collatéraux.

Augmentez cet impôt, les mêmes effets que nous
avons constatés pour l'impôt progressif, ne tarderont pas à se produire. D'ailleurs, la mesure ne
serait guère possible que pour la propriété ter-
rienne, mais rendue parfaitement inutile par le
développement que l'on ne manquerait pas de donner aux sociétés anonymes, et au système d'actions
au porteur. Les bourgeois en seraient quittes pour
renoncer aux domaines familiaux, pour se contenter
pour leurs châteaux, hôtels et terres de chasse, d'en
être les locataires, pendant que les associations
anonymes se monteraient pour organiser la loca-
tion desdits immeubles, et faire la nique à l'Etat.

On comprend très bien qu'avec ce système, la
part des héritages où l'Etat pourrait avoir contrôle
serait fort réduite et rendrait la loi inutile. Par conséquent, leur suppression entre collatéraux serait
de même fort restreinte, vu qu'une masse de dis-
positions antérieures, entre celui qui veut léguer et
ceux qu'il veut favoriser, peuvent accorder à ces
derniers des droits sur la fortune du premier, autrement que par voie d'héritage.

Pour empêcher cela, il faudrait des centaines de
lois qui interviendraient dans tous les actes, toutes
les relations des individus, leur ôtant la libre
jouissance de leur fortune, et encore, avec un système aussi inquisitorial, ne serait-on pas sûr d'y
parvenir. Il faudrait une révolution ou un coup
d'Etat pour faire accepter des mesures aussi vexatoires. Révolution pour révolution, ne vaut-il pas
mieux la faire pour aller de l'avant que pour établir
des mesures vexatoires?

———

Puis, en admettant que ces lois eussent quelque
influence sur le régime de la propriété, en quoi cela
modifierait-il la situation du travailleur? — La propriété, encore une fois, changerait de mains, mais
on ne la mettrait pas entre les mains des travailleurs. L'Etat deviendrait propriétaire. L'Etat se
transformerait en syndicat d'exploitation, et nous
avons vu, en traitant de l'autorité, qu'il ne fallait
rien attendre de sa part en faveur des travailleurs.

Tant que l'argent sera le nerf de l'organsation sociale, ceux-là qui le possèdent sauront la diriger à leur profit. Que l'Etat exploite directement les propriétés qui lui tomberaient entre les mains, qu'il les sous-loue à des particuliers, ce sera toujours au profit de ceux qui possèdent déjà. Mettons même, et ce pourrait être, que ce soit au profit d'une caste nouvelle ! En tout cas, ce ne serait qu'au détriment de la généralité.

———

Mais, pour admettre la possibilité de l'application de cette réforme, il a fallu admettre cette autre hypothèse : la bourgeoisie, qui a érigé en dogme l'inviolabilité de la Propriété individuelle, la bourgeoisie dont tout le code pénal n'est basé que sur la légitimité de cette propriété, et en vue de sa défense, aura donc laissé porter atteinte à cette organisation propriétaire qu'elle prétend, au contraire, immuable.

Voudrait-on nous dire combien de temps il faudrait pour amener la bourgeoisie à admettre ce qu'elle considérait comme une atteinte à « ses droits », combien de temps il faudrait ensuite pour reconnaître, après son application, que ladite réforme n'a rien transformé du tout, et, enfin si le temps perdu n'égalerait pas, en durée, celui que l'on juge nécessaire à la réalisation de « nos utopies » ?

———

Inutile de faire ici, la critique des sociétés de production et de consommation ; nous avons dé-

montré que nous poursuivions l'affranchissement
général et l'affranchissement complet, intégral de
l'individu ne peut s'effectuer que par l'affranchissement intégral de tous, que nous importent les
petits moyens d'affranchissements particuliers. Au
reste, la concentration des capitaux, le développement continuel de l'outillage mécanique demandant toujours de plus en plus, la mise en œuvre de
capitaux énormes, ces moyens mêmes d'affranchissement de petits groupes d'individus se brisent
entre leurs mains avant d'avoir rien produit.

D'autres réformistes cherchent à apporter leur
quote-part à l'œuvre de l'émancipation humaine,
en poussant au développement de la branche de
connaissances qu'ils ont adoptée ; mais, bientôt
emportés par l'âpreté de la lutte, les difficultés à
résoudre, ils finissent par transformer leur idée
fixe en dada auquel ils prêtent toutes les qualités,
en dehors duquel ils ne voient plus rien d'accep-
table, et qu'ils présentent comme une panacée qui
devra guérir tous les maux dont souffre notre malheureuse patraque sociale.

Et parmi ces fanatiques d'une idée préconçue,
combien de sincères ; parmi ces fatras d'idées, combien de bonnes, en effet, qui pourraient produire
d'excellents résultats en faveur de l'humanité, si on
les appliquait dans une société sainement constituée, mais qui, appliquées isolément dans une

société corrompue, ne donnent que des résultats contraires à ceux attendus, quand elles ne sont pas étouffées en germe, avant d'avoir pu être appliquées.

Parmi ces soldats convaincus d'une idée fixe, nous pouvons en citer un, qui est typique par la conclusion que nous voulons en tirer : c'est M. G. Ville avec son système d'engrais chimiques.

———

Nous ne voulons pas entrer ici dans l'explication complète de ce système. Qu'il nous suffise de dire que, M. Ville, ayant fait l'analyse des plantes, a trouvé qu'elles étaient invariablement composées de quatorze éléments — toujours les mêmes dans chaque plante, mais variant en quantité dans chaque famille. — Analysant ensuite l'air et la terre, il a trouvé que la plante pouvait y trouver dix des éléments dont elle se compose, qu'il ne restait donc, à lui fournir, sous forme d'engrais, que les quatre autres éléments manquants et qui sont, la chaux, la potasse, le phosphore et l'azote, et il établit là-dessus toute une série d'engrais chimiques basés sur les terrains à cultiver, sur la plante à produire.

Citant des chiffres, montrant des résultats, il démontre qu'en l'état des connaissances actuelles, on peut — avec une dépense moindre d'engrais, comparativement au fumier — faire rendre de quatre à cinq fois plus au même terrain, élever beaucoup plus de bétail, tout en employant beaucoup moins de prairies, et faire baisser ainsi le prix de la viande. Mais, aussitôt, il part de là pour conclure que c'est dans l'amélioration de l'agriculture que réside la solution de la question sociale. « Les produits alimentaires étant rendus abondants, dit-il, chacun y trouvera avantage ; les propriétaires, en faisant des récoltes que leur abondance permettra de vendre à bas prix ; les travailleurs, en payant bon marché, pourront vivre largement et économiser sur leur salaire pour devenir capitalistes à leur tour..., et tout sera pour le mieux dans la meilleure des sociétés possibles.

Nous sommes persuadés de la sincérité de M. Ville ; autant que nous permet d'en juger le peu de connaissances que nous avons, son système nous paraît absolument rationnel, nous ne nions donc pas les bons effets que devrait apporter, dans la situation des travailleurs, l'application générale de sa méthode, si les travailleurs pouvaient bénéficier de quelque chose dans la société actuelle. Ses chiffres, au contraire, viennent à l'appui des anarchistes lorsque ceux-ci affirment qu'avec les données de la science actuelle on pourrait, avec beaucoup moins de travail, rendre les produits tellement abondants qu'il n'y aurait pas besoin de les rationner, que chacun pourrait puiser au tas, au caprice de ses besoins ou de sa fantaisie, sans avoir à redouter la disette, comme semblent le craindre certains esprits moroses qui ne voient qu'eux de pondérés dans l'humanité, vous font la concession d'avouer qu'eux se passeraient certainement de toute autorité, mais qu'elle est nécessaire pour réprimer les mauvais instincts dont est animé le restant des humains.

———

Dans une petite brochure, *Les produits de la terre,* un de nos amis a démontré, chiffres officiels en mains, que, dans l'état d'enfance où est encore l'agriculture, la production universelle a un excédent formidable de kilos sur la consommation; M. Ville prouve qu'avec l'emploi raisonné des produits chimiques, sans plus de travail, on peut faire rendre à la terre quatre et cinq fois plus qu'elle ne rend actuellement. N'est-ce pas la confirmation éclatante de ce que nous avançons?

Mais, il se trompe, quand il voit dans son système la solution de la question sociale et croit que les produits étant rendus tellement abondants, seront à si bon marché que les travailleurs pourront vivre en dépensant peu et économisant beaucoup. Si M. Ville avait lu les économistes bourgeois, entre autres M. de Molinari, ils lui auraient appris « que la surabondance des produits sur le marché avait pour effet d'amener une baisse telle, sur le prix de ces produits, que leur production n'étant plus assez rémunératrice pour le capitaliste, éloignait les capitaux de cette production jusqu'à ce que l'équi-

libre fût rétabli et les choses ramenées à leur point
de départ. »

Si M. Ville, moins absorbé par ses calculs de
savant, s'était un peu rendu compte du fonctionnement de la Société, il aurait vu qu'actuellement,
quoiqu'il y ait un excédent énorme de la production
sur la consommation, il y en a qui crèvent absolument de faim ; il aurait vu que les calculs théori-
ques les meilleurs se trouvent détournés de leur
but, dans la pratique sociale actuelle. La nature,
aidée de l'intelligence et du travail humain, peut
bien arriver à produire, à bas prix, de quoi nourrir
l'humanité : le commerce et l'agiotage, le propriétaire et le capitaliste sauront bien arriver à prélever leur dîme, à raréfier les produits pour les vendre très cher, et, au besoin, à en empêcher la production pour hausser encore leurs prix fictifs et les
maintenir au taux fixé par leur rapacité et leur
besoin de lucre et de parasitisme.

————

Prenons, par exemple la houille, voilà un produit
tout fabriqué ; il n'y a qu'à l'extraire du sol, les
gisements en sont tellement abondants qu'ils se
trouvent répandus sur toute la surface du globe, et
peuvent répondre à un besoin illimité de consommation. Et pourtant, son prix se maintient à un
taux relativement élevé, tous ne peuvent se chauffer
selon les besoins de la température, son abondance
ne l'a pas rendue plus accessible aux travaileurs.

C'est que les mines ont été accaparées par des compagnies puissantes qui en limitent la production et qui, pour éviter la concurrence, ont ruiné ou acheté les petites concessions, préférant les laisser inexploitées plutôt que d'encombrer le marché et baisser les prix, ce qui réduirait leurs bénéfices.

———

Ce qui arrive pour les charbonnages est en train de se produire pour la terre. Est-ce que, tous les jours, le petit propriétaire rongé, pressuré par l'usure n'est pas exproprié au profit du capitaliste? Est-ce que la grande propriété ne va pas tous les jours se reconstituant? Est-ce que l'emploi en grand de la machine agricole n'aura pas pour effet de pousser aux syndicats agricoles et d'établir là ces puissantes compagnies anonymes qui sont déjà la dominante dans le monde usinier, comme elles sont la règle invariable dans le monde minier?

Si on arrive à faire produire quatre et cinq fois plus à la terre, on réduira les terrains de production d'autant, et le reste sera transformé en terrains de chasses, en parcs d'agrément pour nos exploiteurs. Cela commence à se faire en France, c'est un fait accompli par les lords anglais en Ecosse, en Irlande dont les populations sont refoulées et décimées au profit des cerfs et des renards dont l'agonie mouvementée servira de passe-temps à un public *select* semblable à celui qui applaudissait au cours où M. Georges Ville débitait les tirades philanthropiques dont nous avons fait mention plus haut.

Ah ! c'est que la Société est ainsi constituée que celui qui possède est le maître du monde ! La circulation des produits ne se faisant qu'à l'aide des capitaux, c'est l'argent qui est leur seul dispensateur. Toutes les améliorations, tous les progrès que créent le travail, l'industrie et la science vont toujours s'accumulant entre les mains de ceux qui possèdent déjà, devenant un moyen d'exploitation encore plus dure, faisant peser une misère plus effroyable sur ceux qui ne possèdent rien.

Les perfectionnements de la production rendent les travailleurs de moins en moins nécessaires au capitaliste, augmentent la concurrence parmi eux, les forcent à offrir leurs services à plus bas prix. Et voilà comment, en rêvant de rendre service aux travailleurs, l'organisation sociale arrive à vous faire travailler à leur exploitation, à river de plus en plus la chaîne qui les accable de son poids formidable.

Certes, monsieur G. Ville, vous avez fait là un beau rêve : travailler à multiplier les produits en sorte que tout le monde ait à manger à sa suffisance, faire que le travailleur puisse économiser quelques sous afin de parer aux incertitudes du lendemain, ce n'est pas là tout l'idéal humain, mais on ne peut

demander davantage à celui que sa situation
n'expose pas à souffrir des privations physiques et
morales qui accablent le deshérité. Cela est déjà
beau, mais ce n'est qu'un rêve, hélas! tant que
vous n'aurez pas brisé le système d'exploitation
qui rend décevantes et illusoires toutes ces promesses. Le capitalisme a plus d'une corde à son
arc, et, en admettant que la multiplicité des produits les abaissât à un prix tellement modique, que
l'ouvrier puisse économiser sur son salaire, il inter-
viendrait, ici, un autre facteur que vous avez cité
vous-même : l'augmentation de la population.

A l'heure actuelle, le marché industriel est encombré de produits, le développement de l'outillage
mécanique augmente, chaque jour, le nombre des
inoccupés. Ceux-ci, pour trouver à s'employer, sont
forcés de se faire concurrence et de travailler à
bas prix ; or, comme le progrès continue son œuvre
et va toujours croissant, comme chaque homme
peut actuellement produire pour dix, quand la
population aura doublé, la production aura vingtu-
plé et ce bien-être que vous aurez cru créer pour
les travailleurs ira grossir les bénéfices de l'usinier qui paiera d'autant moins ses esclaves qu'ils
seront plus nombreux sur le marché.

Vous dites que les réclamations des travailleurs
sont justifiées, dans une certaine mesure, tant
qu'elles ne prennent pas la forme violente; mais
avez-vous réfléchi qu'ils luttent depuis des milliers

d'années ; que ces revendications toujours stériles
prennent jour en même temps que la période historique! Sachez que si elles revêtent la forme violente, c'est qu'on leur refuse toute satisfaction.
Faut-il qu'ils continuent à s'agenouiller en demandant : Merci! quand ils n'ont jamais rien obtenu
qu'en couchant leurs maîtres à leurs pieds et en
prenant les libertés qu'il leur fallait? Nos maître s,
dédaigneux, croyant parler à des esclaves, peuvent
nous dire : « Formulez poliment vos demandes, je
verrai si je dois y faire droit »; mais ceux qui
voient dans l'affranchissement des travailleurs un
acte de justice et non une concession, ceux-là
diront : « Nous voulons! » Tant pis pour les petits-
maîtres que ce langage peut offusquer.

Tout s'enchaîne dans le système qui nous écrase;
il ne suffit pas d'être animé de bonnes intentions
pour obtenir le résultat désiré; il n'y a d'amélioration possible qu'en détruisant ce système. Il n'est
établi que pour l'exploitation et l'oppression. Nous
ne voulons pas améliorer l'exploitation et l'oppression, mais les détruire. C'est la conclusion où
aboutiront, fatalement, tous ceux qui, sachant s'élever du point de vue étroit où ils se sont placés,
sauront envisager la question dans son ensemble et
comprendre que les révolutions ne sont pas le fait
des hommes seuls, mais des institutions qui se

mettent en travers du progrès; que, par conséquent, les révolutions sont fatales et nécessaires.

Que tous ceux qui veulent sincèrement travailler à l'avenir de l'Humanité comprennent une fois pour toutes, que pour réussir dans leurs conceptions particulières, il ne faut pas qu'ils médisent de la Révolution et essaient de l'entraver; elle seule peut leur permettre d'atteindre leur but, en empêchant le parasitisme d'étouffer le Progrès dans son germe ou le détourner à son profit.

———

Réformes! réformes! quand voudra-t-on reconnaître que les peuples y ont usé le meilleur de leurs forces, sans jamais rien obtenir, qu'ils sont las de lutter pour des utopies plus pernicieuses que celles de leur affranchissement intégral, puisque le seul reproche que l'on puisse faire à ce dernier, c'est d'être irréalisable, ce qui est une affirmation toute gratuite, puisqu'on ne l'a jamais tentée, tandis qu'il suffit de la realisation d'une réforme pour en démontrer l'inanité.

On a reproché aux anarchistes d'être une entrave à l'émancipation pacifique des travailleurs, de s'opposer aux réformes. Double erreur, les anarchistes ne sont nullement les adversaires des réformes, ce ne sont pas les réformes elles-mêmes qu'ils combattent, ce sont les mensonges de ceux qui veulent les faire envisager comme un but aux

travailleurs, sachant qu'elles ne sont que des replâtrages, quand ce n'est pas mensonges.

————

Que ceux qui croient aux réformes travaillent à
leur réalisation, nous n'y voyons pas de mal, au
contraire : plus la bourgeoisie en essaiera, plus les
travailleurs verront que, plus ça change, plus c'est
la même chose. Où nous nous insurgeons, c'est
quand on vient nous les présenter comme des panacées et dire aux travailleurs : « Soyez bien sages,
soyez bien doux, bien calmes, et alors nous verrons
si nous pouvons faire quelque chose pour vous! »

Alors, nous qui avons compris que les réformes
étaient illusoires, que les exploiteurs occupaient une
place usurpée, nous disons : « Travailleurs, on vous
berne, ces réformes promises ne sont que des leurres,
et par-dessus le marché on veut vous les faire demander comme une aumône, tandis que, virtuellement, vous avez le droit d'exiger beaucoup plus.
Libre à vous d'essayer des moyens que l'on vous
présente, mais sachant d'avance qu'ils ne produiront
rien pour votre émancipation, ne vous attardez pas
dans le cercle vicieux où l'on veut vous entraîner,
organisez-vous donc pour vous emparer de ce qui
vous est dû ; laissez les retardataires s'amuser à ces
tromperies, la révolution est là, qui s'avance, formidable, engendrée par la mauvaise organisation
sociale, qui vous entraînera, malgré vous, à prendre
les armes pour faire valoir votre droit de vivre.

Une fois les armes à la main, ne soyez pas assez simples pour vous contenter des réformes qui laisseraient subsister la cause de vos maux. Voilà ce que l'on vous a pris, voilà l'idéal où vous devez tendre; à vous de ne pas vous attarder aux papotages et de savoir donner le coup d'épaule qui mettra bas cet édifice vermoulu, qui craque de toutes parts, et que l'on ose encore nommer la Société! Ne l'étayez pas, en rebouchant les trous avec les replâtrages que l'on vous propose; faites place nette, au contraire, pour ne pas être entravés dans la reconstitution d'une société meilleure. »

XX

ET APRÈS ?

Après? — disent nombre de contradicteurs, quand nous avons démontré les mauvais effets de la vicieuse organisation sociale qui nous régit, quand nous leur avons fait comprendre qu'aucune réforme n'est possible dans le régime actuel; que les meilleures se retournent fatalement, de par le fait des institutions existantes, contre leur but et deviennent une aggravation de plus à la misère des exploités; que celles qui pourraient efficacement amener un changement dans le sort du travailleur, ne le pourraient qu'à condition qu'elles s'attaquassent à l'institution elle-même; mais repoussées par les dirigeants, il faudrait une révolution pour les réaliser.

Or, c'est cette révolution qui effraie beaucoup de

gens, ce sont les bouleversements qu'elle doit amener qui les font reculer devant le remède après avoir reconnu le mal.

« Oui, disent-ils, vous avez peut-être raison, certainement la société est mal constituée, il faut que ça change. La Révolution !... peut-être... Je ne dis pas... Mais après ? »

— Après, répliquerons-nous, ce sera la liberté la plus complète pour les individus, la possibilité pour tous de satisfaire leurs besoins physiques, intellectuels et moraux. L'Autorité et la Propriété étant abolies, la Société n'étant plus, comme actuellement, basée sur l'antagonisme des intérêts, mais, au contraire, sur la solidarité la plus étroite, les individus, assurés du lendemain, n'ayant plus à thésauriser en prévision de l'avenir, ne se regarderont plus en ennemis, prêts à se dévorer pour se disputer une bouchée de pain, ou s'arracher une place chez un exploiteur. Les causes de lutte et d'animosité étant détruites, l'harmonie sociale s'établira.

Il se formera bien, entre les divers groupements, une concurrence, une émulation vers le mieux, vers un but idéal qui s'élargira toujours au fur et à mesure que les individus trouveront de la facilité à satisfaire leurs aspirations, mais cette concurrence, cette émulation seront toutes courtoises puisque l'intérêt mercantile, propriétaire ou gouvernemental ne viendront pas se mettre en travers, et que les concurrents retardataires auront toute facilité pour s'assimiler les progrès acquis par leurs concurrents plus heureux.

———

Aujourd'hui, ce qui fait la misère, c'est l'engorgement des produits qui, encombrant les magasins, occasionnent les chômages et la faim chez ceux qui ne trouvent pas de travail tant que lesdits produits ne sont pas écoulés. — Ce qui démontre bien l'état anormal de la société actuelle.

Dans la société que nous voulons, plus les produits seront abondants, plus facile sera l'harmonie entre les individus puisqu'ils n'auront pas besoin de se mesurer les moyens d'existence ; plus l'on produira vite, plus les perfectionnements de l'outillage mécanique s'accéléreront, plus se réduira la part du travail productif qui incombera aux individus, plus vite il deviendra ce qu'il doit être réellement, une gymnastique nécessaire pour exercer les muscles des individus.

Dans une société normalement constituée, le travail doit perdre le caractère de peine et de souffrance qu'il acquiert, par son intensité, dans nos sociétés d'exploitation. Il ne doit plus être qu'une distraction au milieu de tous les autres travaux que les individus feront pour leurs plaisirs, leurs études, les besoins de leur tempérament, sous peine de se transformer graduellement en de simples sacs digestifs, comme ne tarderait pas à le devenir la bourgeoisie si elle pouvait assurer sa domination ; comme l'est devenue une espèce de fourmi qui est incapable de se nourrir elle-même et crève de faim lorsqu'elle n'a plus d'esclaves pour lui donner la pâture.

———

« Oui, reprennent alors les contradicteurs, ce que vous voulez est bien beau, certainement ce serait le plus bel idéal que l'Humanité puisse atteindre ; mais rien ne dit que ça marchera aussi bien que vous pensez, que les plus forts ne voudront pas imposer leur volonté aux plus faibles, qu'il n'y aura pas des paresseux qui voudront vivre aux dépens de ceux qui travailleront. »

« S'il n'y a pas de digues pour maintenir la foule, qui vous dit que, au lieu d'être un pas en avant, cette révolution ne sera pas un retour en arrière ? Et si l'on est vaincu, n'est-ce pas un retard pour les idées, de vingt, trente, cinquante ans et peut-être plus ? »

« Si vous êtes vainqueurs, pourrez-vous empêcher les vengeances individuelles ? qui dit que vous ne serez pas débordés par la foule ? — D'un côté comme de l'autre ce sera le déchaînement des passions bestiales, la violence, la sauvagerie et toutes les horreurs de l'homme retombant à l'animalité. »

Nous répliquons alors que, la crise économique s'accentuant, les chômages devenant de plus en plus fréquents, la difficulté de vivre plus prononcée tous les jours et les difficultés politiques s'aggravant progressivement au grand affolement de ceux qui

« tiennent les rênes de l'Etat », nous marchons sûrement à cette révolution qui sera amenée par la
force des choses, que rien ne pourra empêcher et
que, par conséquent, nous n'avons qu'une chose à
faire, c'est d'être prêts à y prendre part pour la faire
tourner au mieux des idées que nous défendons.

Mais, cette peur de l'inconnu est si forte, si te-
nace, qu'après avoir reconnu la logique de toutes
nos objections, après être convenu de la vérité de
tout ce que nous déduisons, le contradicteur se
reprend à dire : « Oui, tout cela est vrai ; mais,
peut-être, vaudrait-il mieux agir prudemment. Le
progrès ne se fait que peu à peu ; il faudrait éviter
l'action brutale : on finirait peut-être par amener
les bourgeois à des concessions ! »

———

Certes, si on n'avait affaire qu'à des gens butés,
de mauvaise foi, qui ne veulent pas être convaincus, ce serait à lâcher la discussion, et à leur répondre le mot de Cambronne en leur tournant le
dos. Malheureusement, ce sont aussi des gens de la
meilleure foi du monde qui, pris par le milieu, l'é-
ducation, l'habitude de l'autorité, croient tout perdu
lorsqu'ils la voient disparaître de l'horizon, et, n'ayant
plus rien à répliquer, reviennent, sans s'en apercevoir, à leur première argumentation, ne pouvant
s'imaginer une société sans lois, ni juges, ni gendarmes, où les individus vivraient côte à côte, en
s'entr'aidant au lieu de se sauter à la gorge.

Que leur répondre?

Ils veulent des preuves que la société marchera comme nous l'entrevoyons!

Nous pouvons en tirer de la logique des faits, de leur comparaison, de l'argumentation que nous pouvons tirer de leur analyse; mais des preuves palpables! l'expérimentation seule peut nous en apporter, et cette expérimentation ne peut se faire qu'en commençant à culbuter la société actuelle!

———

Il ne reste plus qu'à leur dire alors :

Nous vous avons démontré que la société actuelle engendre la misère, crée la famine, entretient l'ignorance de toute une classe — la plus nombreuse — d'individus, empêche le développement des générations, en leur léguant en héritage les préjugés et les mensonges qu'elle entretient.

Nous vous avons démontré que son organisation ne tendait qu'à assurer l'exploitation de la masse au profit d'une minorité de privilégiés.

Nous vous avons démontré que son mauvais fonctionnement, — et aussi le développement d'aspirations nouvelles au sein des travailleurs, — nous conduisent à une révolution. Que voulez-vous que nous vous disions de plus?

Si nous devons nous battre, que ce soit au moins pour la réalisation de ce qui nous semble beau, de ce qui nous paraît juste.

Serons-nous vainqueurs ou vaincus? Qui peut le

prévoir? Si nous attendions, pour réclamer nos droits, d'être certains de la victoire, nous pourrions attendre notre émancipation pendant des siècles. Du reste, on ne commande pas aux circonstances ; le plus souvent, ce sont elles qui vous entraînent : le tout est de les prévoir pour ne pas en être submergés. Une fois dans la mêlée, ce sera aux anarchistes à déployer toute l'énergie dont ils seront capables afin d'entraîner, par leur exemple, la masse avec eux.

Que dans la révolution qui se prépare il y ait des vengeances individuelles, qu'il y ait des massacres, qu'il y ait des actes de sauvagerie, cela est fort probable, cela est à prévoir ; mais qu'y pouvons-nous ?

Non seulement personne ne pourra l'empêcher, mais on ne *devra* pas l'empêcher. Si les propagandistes sont dépassés par la foule, tant mieux ! Qu'elle fusille tous ceux qui voudront faire de la sensiblerie ! car si elle souffrait que l'on fasse de la réaction pour lui enlever quelques victimes, on pourrait en faire pour enrayer son élan révolutionnaire, pour l'empêcher de toucher aux institutions qui doivent disparaître, pour lui faire épargner ce qu'elle doit détruire. Une fois la lutte entamée, la sensiblerie ne sera plus de mise, la foule devra se méfier des phraseurs et broyer impitoyablement tout ce qui tentera de se mettre en travers de sa route.

Tout ce que nous pouvons faire, c'est de déclarer, dès à présent, que la disparition des individus doit importer peu aux travailleurs; que c'est aux institutions qu'il faut s'attaquer; que c'est elles qu'il faut saper, renverser et détruire, n'en laisser subsister aucun vestige, empêcher de les reconstituer sous d'autres noms.

La bourgeoisie n'est forte que par ses institutions et parce qu'elle a su faire croire aux exploités qu'ils sont intéressés à leur conservation; qu'elle a su, moitié de gré, moitié de force, en faire des défenseurs à son profit. Réduits à leurs propres forces, les bourgeois ne pourraient résister à la révolution, et combien y en aurait-il qui auraient cette velléité? Donc, les individus ne sont pas dangereux par eux-mêmes.

Mais si, au jour de la révolution, il y en a qui soient un obstacle, qu'ils soient emportés par la tourmente; si des vengeances individuelles s'exercent, tant pis pour ceux qui les auront suscitées. Il faudra que ceux-là aient fait bien du mal pour que la haine de leur personne ne soit pas apaisée par la destruction de leur caste, l'abolition de leurs privilèges; tant pis pour ceux qui s'attarderont à les défendre. Les foules ne vont jamais trop loin; il n'y a que les meneurs qui trouvent cela, car ils ont peur des responsabilités morales ou effectives.

Pas de sentimentalisme bête, quand même la fureur des foules s'égarerait sur des têtes plus ou moins innocentes. Pour faire taire notre pitié, nous n'aurons qu'à penser aux milliers de victimes que dévore journellement le minotaure social actuel au profit de la bourgeoisie ventripotente. Et s'il y a des bourgeois qui finissent accrochés à quelque bec de gaz, assommés à quelque coin de rue, noyés dans quelque rivière, ils ne récolteront que ce que leur classe aura semé. Tant pis pour eux ! Qui n'est pas avec la foule est contre elle.

Pour nous, travailleurs, la situation est nette : d'un côté — le présent — la société actuelle, avec son cortège de misère, d'incertitude du lendemain, de privations et de souffrances, sans espérance d'amélioration ; une société où nous étouffons, où notre cerveau s'étiole, où nous devons refouler au plus profond de notre être tous nos sentiments du beau, du bon, de justice et d'amour ; de l'autre — l'avenir — un idéal de liberté, de bonheur, jouissances intellectuelles et physiques, — le complet épanouissement de notre individu ! — Notre choix est fait. Quoi qu'il en soit de la révolution future, quoi qu'il nous arrive, ce ne sera pas pire, pour nous, que la situation actuelle. Nous n'avons rien à perdre dans un changement ; tout à gagner, au contraire. La société nous entrave ; eh bien ! culbutons-la. Tant pis pour ceux qui se trouveront écrasés par sa chute ; c'est qu'ils auront voulu se mettre à l'abri de ses murs, se raccrocher à ses étais vermoulus. Ils n'ont qu'à se mettre du côté des démolisseurs.

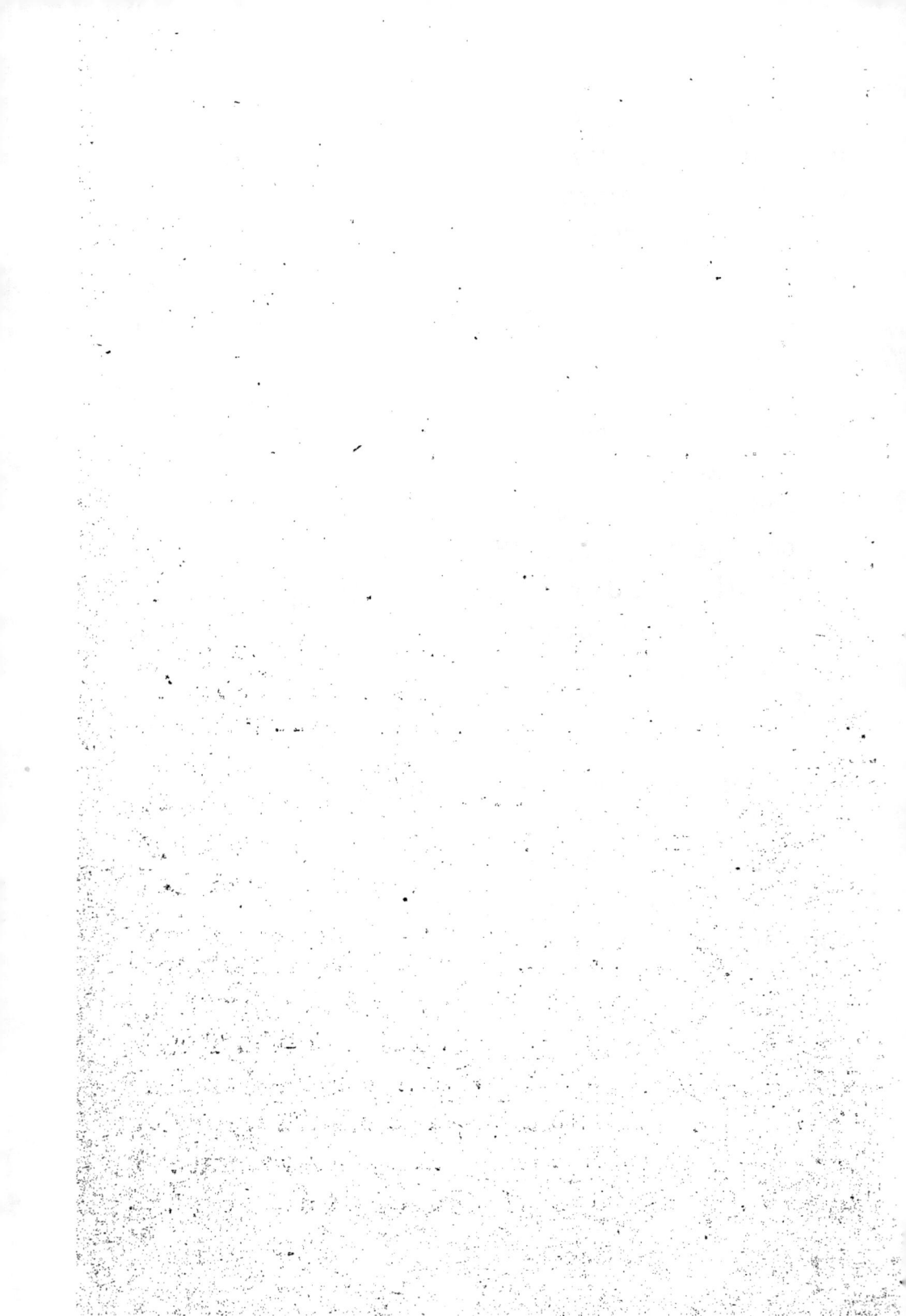

XXI

LES IDÉES ANARCHISTES
ET LEUR PRATICABILITÉ

« Vos idées sont bien belles en théorie, mais elles ne sont pas praticables ; les hommes ont besoin d'un pouvoir pondérateur qui les gouverne et les force à respecter le contrat social. » Telle est l'objection que nous adressent en dernier ressort les partisans de l'ordre social actuel, lorsque, après avoir bien discuté, on a rétorqué leurs arguments et démontré que le travailleur ne peut espérer aucune amélioration sensible à son sort, en conservant les rouages du système social actuel.

« Vos idées sont bien belles, mais elles ne sont pas praticables ; l'homme n'est pas encore assez développé pour vivre dans un état aussi idéal. Pour les mettre en pratique, il faudrait que l'homme fût arrivé à la perfection », ajoutent encore beaucoup

de gens sincères, mais qui, égarés par l'éducation,
la routine, ne voient que les difficultés et ne sont
pas encore assez convaincus de l'idée pour travailler
à sa réalisation.

Puis, à côté de ces adversaires déclarés et de ces
indifférents qui peuvent devenir des amis, surgit
une troisième catégorie d'individus, plus dangereux
que les adversaires déclarés. Ceux-là font semblant
d'être enthousiasmés par les idées ; ils déclarent
hautement qu'il n'y a rien de plus beau ; que l'organisation actuelle ne vaut rien, qu'elle doit disparaître devant les idées nouvelles ; que c'est le but
auquel doit tendre l'humanité, etc., etc. Mais, ajou-
tent-ils, elles ne sont pas praticables de suite ; il
faut y préparer l'humanité, l'amener à comprendre
cet état heureux, et, sous prétexte d'être pratiques,
ils cherchent à rajeunir ces projets de réformes que
nous venons de démontrer illusoires ; ils perpétuent
les préjugés actuels en les flattant chez ceux auxquels ils s'adressent, et ils cherchent à tirer parti le
plus possible de la situation actuelle, à leur profit
personnel ; et, bientôt, l'idéal disparaît pour faire
place à un instinct de conservation de l'ordre de
choses actuel.

———

Il est malheureusement trop vrai que les idées,
qui sont le but de nos aspirations, ne sont pas immédiatement réalisables. Trop infime est la minorité qui les a comprises pour qu'elles aient une in-

fluence immédiate sur les événements et la marche de l'organisation sociale. Mais est-ce une raison pour ne pas travailler à leur réalisation ?

Si l'on est convaincu de leur justesse, pourquoi ne chercherait-on pas à les faire entrer dans la pratique ? — Si tout le monde dit : « Ce n'est pas possible ! » et accepte passivement le joug de la société actuelle, il est évident que l'ordre bourgeois aura encore de longs siècles devant lui.

Si les premiers penseurs qui ont combattu l'église et la monarchie, pour les idées naturelles et l'indépendance, ont affronté le bûcher et l'échafaud pour les confesser s'étaient dit cela, en pensant à leur idéal, nous en serions encore aujourd'hui aux conceptions mystiques et au droit du seigneur.

C'est parce qu'il y a toujours eu des gens qui n'étaient pas « pratiques », mais uniquement convaincus de la vérité, qui ont cherché à la faire pénétrer, de toutes leurs forces, partout où ils pouvaient, que l'homme, aujourd'hui, commence à connaître son origine et à se dépêtrer des préjugés d'autorité divine et humaine.

———

Dans son livre d'une réelle valeur : *Esquisse d'une morale sans obligation ni sanction* (1), M. Guyau, dans un chapitre admirable, développe cette idée :

(1) Félix Alcan, éditeur, 108, boulevard Saint-Germain.

« Celui qui n'agit pas comme il pense, pense in-
complètement. » Rien de plus vrai. Quand on est
bien convaincu d'une idée, il est impossible à celui
qui la sent de ne pas chercher à la propager, de ne
pas essayer de la réaliser.

Que de fois on voit éclater des disputes entre
amis pour des choses futiles bien souvent, où
chacun soutient sa manière de voir, sans autre
mobile que la conviction qu'il a de la vérité de ce
qu'il soutient. Cela ne coûterait rien pourtant pour
faire plaisir à un ami ou même pour éviter de le
froisser, de le laisser dire sans l'approuver ni le
désapprouver; cette chose qu'il soutient est sans
importance réelle pour nos convictions, pourquoi
ne pas le laisser dire? Que de fois on agit ainsi
dans la conversation quand il n'est question que
de choses sur lesquelles on n'a aucune idée ar-
rêtée; mais sitôt qu'une chose, sur laquelle vous
avez une opinion, se trouve sur le tapis, de si peu
d'importance qu'elle soit, vite! vous voilà partis et
vous vous disputerez avec le meilleur de vos amis
pour soutenir votre manière de voir. Or, si on agit
ainsi pour des futilités, combien plus grande doit
être l'impulsion reçue lorsqu'il s'agit d'idées qui
intéressent l'avenir de l'humanité entière, l'affranchissement de notre classe, de notre descendance
et le nôtre !

Certes, nous comprenons que tout le monde ne peut apporter la même force de résistance dans la lutte, le même degré d'énergie à combattre les institutions actuelles : Tous les tempéraments et les caractères ne sont pas trempés de même. Les difficultés sont si grandes, la misère si dure, les persécutions si multipliées, que nous comprenons qu'il y ait des degrés dans les efforts pour la propagande de ce qui est reconnu vrai et juste. Mais les actes sont toujours en raison de l'impulsion reçue et de l'intensité de la foi que l'on a dans les idées. On sera, bien souvent, arrêté par des considérations de famille, de relation, du pain quotidien à conserver; quelle que soit la force de ces considérations, si l'on est quelqu'un, elles ne vous mèneront jamais à vous faire digérer toutes les infamies qui se déroulent sous vos yeux; il arrive un moment où l'on envoie au diable les considérations pour se rappeler que l'on est un homme, que l'on a rêvé mieux que ce que l'on vous fait subir.

Celui qui n'est capable d'aucun sacrifice pour les idées qu'il prétend professer, n'y croit nullement; il ne se pare de cette étiquette que par ostentation, parce que, à un moment donné, c'est bien porté, ou parce qu'il prétend justifier quelques vices à l'aide de ces idées; gardez-vous de lui accorder votre confiance, il vous trompe. Quant à ceux qui cherchent à profiter des institutions actuelles soi-disant pour aider à la propagande des idées nouvelles, ceux-là sont des ambitieux qui flattent l'avenir pour jouir en paix du présent.

Il est donc bien évident que nos idées ne sont pas réalisables immédiatement, nous ne faisons nulle difficulté de le reconnaître, mais elles le deviendront par l'énergie que sauront déployer ceux qui les auront comprises. Plus grande sera l'intensité de propagande, plus proche sera l'heure de la réalisation. Ce n'est pas en se pliant aux institutions actuelles qu'on les combattra, ni en mettant nos idées sous le boisseau que nous les ferons germer.

Pour combattre les institutions actuelles, pour travailler à l'avènement des idées nouvelles, il faut donc avoir de l'énergie ; cette énergie, il n'y a que la conviction qui peut la donner. C'est donc à trouver des hommes que doivent travailler ceux qui l'ont déjà.

———

Donc les réformes, nous pensons l'avoir démontré, n'étant pas applicables, ce serait tromper sciemment les travailleurs que de leur vanter leur efficacité. D'autre part, nous savons que la force des choses amènera infailliblement les travailleurs à la révolution : les crises, les chômages, le développement mécanique, les complications politiques, tout concourt à jeter les travailleurs sur le pavé et à les amener à se révolter pour affirmer leur droit à l'existence. Or, puisque la révolution est inévitable

et que les réformes sont illusoires, il ne nous reste
plus qu'à nous préparer à la lutte ; c'est ce que nous
faisons en marchant droit à notre but, laissant aux
ambitieux le soin de se tailler des situations et
des rentes avec les misères qu'ils prétendent sou-
lager.

———

Seulement nous sentons ici une objection : « Si
vous reconnaissez, nous dira-t-on, que vos idées ne
sont pas prêtes à être mises en pratique, n'est-ce
pas prêcher l'abnégation de la génération présente
au profit des générations futures que de leur demander de lutter pour une idée dont vous ne pouvez
leur garantir la réalisation immédiate ? »

Nous ne prêchons nullement l'abnégation, seulement nous ne nous leurrons pas sur les faits ni ne
voulons pas aider les enthousiastes à se leurrer.
Nous prenons les faits tels qu'ils sont, nous les ana-
lysons et nous constatons ceci : une classe qui détient tout et ne veut rien lâcher ; d'autre part, une
classe qui produit tout, ne possède rien, et n'a d'autre
alternative que de se courber lâchement devant ses
exploiteurs, attendant servilement qu'ils lui jettent
un os à ronger, n'ayant plus aucune dignité, aucune fierté, rien de ce qui relève les caractères, ou
bien de se révolter et d'exiger impérieusement ce
que l'on refuse à des génuflexions. Certes, pour
ceux qui ne pensent qu'à leur personnalité, pour

ceux qui veulent jouir à tout prix et n'importe comment, pour ceux-là l'alternative n'a rien d'agréable. A ceux-là nous conseillons de se plier aux exigences de la société actuelle, de tâcher d'y faire leur trou, de ne pas regarder où ils posent leurs pieds, de ne pas avoir peur d'écraser ceux qui les gêneront sur la route ; ceux-là n'ont rien à voir avec nous.

———

Mais à ceux qui pensent qu'ils ne seront véritablement libres que lorsque leur liberté n'entravera pas celle de plus faibles qu'eux ; à ceux qui ne pourront être heureux que lorsqu'ils sauront que les jouissances dans lesquelles ils se délectent, n'auront pas coûté des larmes à quelques déshérités, à ceux-là, nous disons qu'il n'y a aucune abnégation de la part de personne à reconnaître qu'il faut lutter pour s'affranchir.

Nous constatons ce fait matériel qu'il n'y a que l'application de nos idées qui peut affranchir l'Humanité ; à elle de voir si elle veut s'affranchir d'un coup, tout entière, ou si ce doit être toujours une minorité privilégiée qui profitera des progrès qui s'accomplissent, aux dépens de ceux qui meurent à la peine en produisant pour les autres.

Maintenant, est-ce nous qui verrons luire cette aurore ? Sera-ce la génération présente, celle qui la suivra ou plus tard encore ? Nous n'en savons rien, nous ne nous en occupons pas. Ce seront ceux qui auront assez d'énergie et de cœur au ventre pour vouloir être libres qui sauront y arriver.

XXII

LA VÉRITÉ SANS PHRASES

Certainement, le langage que nous venons de tenir dans le dernier chapitre est contraire à tout ce qui se dit dans les partis politiques, où l'on promet monts et merveilles, où la plus infime des réformes doit amener une période édénique pour ceux qui l'auront appuyée. Mais nous qui n'attendons rien personnellement de l'engouement de la masse, nous qui voulons qu'elle sache se conduire elle-même, nous n'avons pas à chercher à l'illusionner. Pour donner plus de force à notre pensée, plus de portée à nos actions, il nous faut voir nettement le chemin, nous garder de toute illusion, nous débarrasser de tout préjugé qui nous ferait faire fausse route.

Nos idées ne seront rendues applicables que par

17

l'énergie déployée à leur propagande et leur diffusion par ceux qui les auront comprises. Le succès
dépend de la force que nous mettrons au service
de la révolution, mais si nous ne l'employons
pas immédiatement, cette force, si nous n'essayons
pas de passer, d'emblée, de la théorie à la pratique,
il faut bien reconnaître qu'il y a des obstacles.
Si nos idées étaient immédiatement réalisables,
nous serions tout à fait inexcusables de ne pas
tenter la solution. Or, quelle est ou quelles sont
ces difficultés, c'est là ce qu'il s'agit de chercher
pour les surmonter au lieu de les nier.

Et, du reste, si nous faisons de la propagande,
c'est justement pour essayer de faire entrer nos
idées dans la pratique, car si elles étaient immédiatement réalisables, la force seule des choses suffirait.

Il faut nous habituer à voir les choses froidement,
à ne plus nous obstiner à regarder, par des verres
grossissants, l'objet de nos désirs, et par le petit
bout de la lorgnette ce que nous redoutons. C'est
la vérité seule que nous cherchons. Si nous nous
décevons nous-mêmes, nous trompons aussi les
autres et la révolution que nous ferions serait à
recommencer.

Ce n'est, généralement, que lorsqu'ils sont à
bout d'arguments, que nos contradicteurs nous
objectent l'impraticabilité de nos idées, et nous de-

vons avouer que cette objection est toujours embar-
rassante, non au fond, mais dans la forme ; car,
dans la société actuelle, nos idées paraissent, en
effet, une utopie. Il est très difficile à l'individu qui
n'a jamais porté son regard au delà de la société
actuelle, d'arriver à comprendre que l'on pourra
vivre sans gouvernement, sans lois, sans juges,
sans policiers ni férule d'aucune sorte, sans monnaie ni valeur représentative, alors qu'on a déjà
tant de mal à s'entendre dans ce monde présent, où
les lois sont censées avoir pour but de faciliter les
relations.

A cette objection, nous ne pouvons répondre par
des faits, puisque ce que nous voulons n'est encore
qu'à l'état de rêve. Nous pouvons citer les tendances
qui portent l'humanité, dénombrer les essais qui se
font en petit dans la société, mais quelle prise cela
peut-il avoir sur l'esprit prévenu de celui dont les
aspirations ne vont pas au delà de l'amélioration de
ce qui est !

Nier l'objection ? — ce serait agir comme l'au-
truche, l'objection n'en subsisterait pas moins.
Répondre par des sophismes ? — nous serions accu-
lés dans une impasse d'où il nous serait impossible
de sortir, sinon par d'autres sophismes. A ce jeu-là,
les idées ne gagnent jamais rien. Voulant élucider
les idées, être à même de répondre à toutes les
objections, nous devons chercher tous les arguments qui peuvent nous être opposés, les susciter

même, afin d'y répondre de notre mieux. Mais, avant tout, nous devons chercher à être nets et précis, et ne pas nous effrayer de la vérité *vraie*, puisque c'est elle que nous cherchons. Nous affirmons que nos idées reposent sur la vérité, nous devons le démontrer en la cherchant en tout et partout.

———

Nous reconnaissons certainement que ce langage n'est pas fait pour séduire les foules, pour soulever les masses, et certains camarades pourraient nous accuser de jeter, dans nos rangs, le découragement et la désespérance, en ne cachant pas assez les côtés faibles de notre théorie.

Ces reproches ne pourraient être suscités que par un restant de l'éducation des partis politiques. Pourquoi promettre ce qu'il ne dépend pas de nous de tenir, et, par conséquent, préparer d'avance une réaction qui tournerait contre notre idéal ?

Si nous étions un parti politique désireux d'arriver au pouvoir, nous pourrions faire aux individus une masse de promesses afin qu'ils nous portent au pinacle ; mais, en anarchie, il n'en est pas de même, nous n'avons rien à promettre, rien à demander, rien à donner. Et lorsque nos contradicteurs nous objectent l'impossibilité de nos idées, après leur avoir exposé les faits qui démontrent les tendances de l'humanité vers cet idéal, il ne nous

reste plus qu'à revenir à la démonstration des abus
découlant de toutes les institutions, la fausseté des
bases sur lesquelles elles reposent, l'inanité des
réformes à l'aide desquelles on veut les endormir,
et d'en revenir à l'alternative où ils sont, soit de
continuer à subir l'exploitation, soit de se révolter,
tout en leur démontrant que le succès de cette révolution dépendra de leur force à *vouloir* la réalisation de ce qu'ils reconnaissent bien. Voilà notre
besogne, le reste dépend des individus et non de
nous.

Nous ne sommes pas, justement, — partisans pour
notre compte — de la propagande faite à l'aide de
grandes phrases, ronflantes ou sentimentales; c'est
qu'elles incitent les individus à espérer une réalisation immédiate, ce qui n'est pas possible. Ils arrivent tout feu tout flamme à la propagande, croyant
toucher le but du doigt, et, ne voyant rien venir,
le découragement les prend, puis, l'un après l'autre,
ils disparaissaient sans qu'il en soit plus jamais
question. Combien en avons-nous vu arriver dans
les groupes, depuis une douzaine d'années, qui ne
parlaient rien moins que de renverser, comme Sam-
son, les colonnes du Temple ! Où sont-ils aujour-
d'hui?

Notre idéal est de faire de la besogne moins gran-
diose, moins brillante, mais plus durable. Loin de

17.

nous borner à prendre les individus par le sentiment, nous cherchons à les prendre, surtout, par
la logique et par la raison. Nous ne voulons certainement pas médire de ceux dont le talent consiste
à prendre les individus par le sentiment. A chacun
sa besogne, selon ses conceptions, selon son tempérament. Mais au lieu de chercher des *croyants* nous
voulons faire des *convaincus.* Il faut que tous ceux
qui viennent à la propagande connaissent les difficultés qui les attendent pour qu'ils soient prêts à
les combattre, ne se laissent pas décourager aux
premières difficultés de la route. Longue et ardue
elle se présente à nos regards; avant de se ceindre
les reins pour la marche, que l'on consulte sa volonté et ses muscles, car il y aura des victimes qui
s'ensanglanteront aux aspérités, aux détours du
chemin, des cadavres marqueront les étapes. Que
ceux qui n'ont pas le cœur fort restent en arrière,
ils ne pourraient être qu'une entrave pour la co-
lonne.

———

Un autre préjugé, qui a grande créance parmi les
anarchistes, c'est de considérer la masse comme
une pâte malléable que l'on peut faire marcher
comme l'on veut et dont on n'a pas à se préoccuper.
Ce préjugé vient de ce que, ayant fait un pas de
plus que les autres, on se croit une sorte de pro-
phète et bien plus intelligent que le commun des
mortels. « Nous ferons faire ceci à la masse, nous

l'entraînerons derrière nous, etc., etc. ». Vraiment
des dictateurs ne parleraient pas autrement. C'est
une façon d'envisager la masse que nous tenons de
notre passé autoritaire.

Non pas que nous voulions nier l'influence des
minorités sur la foule ; c'est parce que nous
sommes convaincus de leur action que nous nous
remuons tant ; seulement nous pensons que, en
temps de révolution, la seule prise que les anarchistes puissent avoir sur la masse, sera celle de
l'action : mettre leurs idées en pratique, prêcher
d'exemple, ce n'est qu'à ce prix qu'on entraînera la
foule. Seulement, il faut être bien convaincu que,
malgré tout, ces actes n'auront d'action sur la
masse qu'autant que la compréhension en aura
été préparée, chez elle, par une propagande claire
et précise, qu'elle-même se trouvera debout, sous
l'impulsion d'idées précédemment reçues.

———

Or, si nous savons faire la propagande des nôtres,
c'est leur influence qui se fera sentir ; ce n'est qu'à
condition d'avoir su les élucider et les rendre
compréhensibles que nous aurons chance de prendre
quelque part à la transformation sociale. Nous
n'aurons pas alors à craindre de ne pas être suivis,
mais nous aurons, au contraire, à redouter les
entraves apportées par ceux qui se considèrent
comme des meneurs.

En temps de révolution, les précurseurs sont

toujours dépassés par les foules. Répandons donc nos idées, expliquons-les, élucidons-les, ressassons-les au besoin, ne craignons pas de regarder la vérité en face. Et cette propagande, loin d'éloigner des adhérents à notre cause, ne peut que contribuer à lui amener tous ceux qui ont soif de Justice et de Liberté!

FIN

TABLE DES MATIÈRES

PRÉFACE v

    I. — L'idée anarchiste et ses développements. . . . 1

   II. — Individualisme, solidarité. 13

  III. — Trop abstraits 27

  IV. — L'homme est-il mauvais ? 39

   V. — La propriété 49

  VI. — La famille 65

 VII. — L'autorité 77

VIII. — Magistrature 89

  IX. — Le droit de punir et les savants 110

   X. — Influence des milieux 117

  XI. — La patrie. 133

 XII. — Le patriotisme des classes dirigeantes 145

XIII. — Le militarisme. 155

XIV. — La colonisation. 171

 XV. — Il n'y a pas de races inférieures 183

XVI. — Pourquoi nous sommes révolutionnaires. . . .   199

XVII. — Comme quoi les moyens découlent des principes.   213

XVIII. — Révolution et anarchie   229

XIX. — Inefficacité des réformes.   239

XX. — Et après?.   269

XXI. — Les idées anarchistes et leur praticabilité . . .   279

XXII. — La vérité sans phrases.   289

ÉMILE COLIN — IMPRIMERIE DE LAGNY

Défauts constatés sur le document original

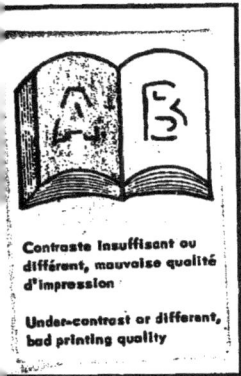

Contraste insuffisant ou différent, mauvaise qualité d'impression

Under-contrast or different, bad printing quality

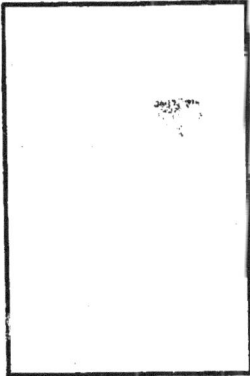

www.ingramcontent.com/pod-product-compliance
Lightning Source LLC
Chambersburg PA
CBHW071346280326
41927CB00039B/1986